U0642865

机灵姐的青春期大吐槽

机灵姐 灵妈 ◎著

1 成长好烦吐槽大会

北京科学技术出版社
100层童书馆

图书在版编目（CIP）数据

机灵姐的青春期大吐槽. 1，成长好烦吐槽大会 / 机

灵姐，灵妈著. -- 北京 ： 北京科学技术出版社，2025.

ISBN 978-7-5714-4692-5

Ⅰ. G444-49

中国国家版本馆CIP数据核字第2025570UC9号

策划编辑：代　冉　张江南
责任编辑：代　冉
营销编辑：王　喆　郑宇秋
责任校对：贾　荣
封面设计：YASU 工作室
插图创作：野蛮小犬　陈海莹
图文制作：天露霖
责任印制：李　茗
出 版 人：曾庆宇
出版发行：北京科学技术出版社
社　　址：北京西直门南大街 16 号
邮政编码：100035
电　　话：0086-10-66135495（总编室）
　　　　　0086-10-66113227（发行部）
网　　址：www.bkydw.cn
印　　刷：北京顶佳世纪印刷有限公司
开　　本：880 mm × 1230 mm　1/32
字　　数：140 千字
印　　张：9.5
版　　次：2025 年 7 月第 1 版
印　　次：2025 年 7 月第 1 次印刷
ISBN 978-7-5714-4692-5

定　　价：88.00 元

目 录

第一章　救命，长大怎么这么麻烦?

身上多出了"两块肉"? ················· 2

那么多内衣，怎么选? ················· 8

啊啊啊! 洗内衣太麻烦了! ··············· 16

为什么多出来的"两块肉"会痛? ·········· 22

身材走样了，是谁的错? ··············· 28

我不想变成"长毛怪"啊! ··············· 34

上面的空气到底是什么味道的? ·········· 40

生长痛是一种什么样的痛? ············· 48

油田脸＋油锅头，成长为什么这么"油腻"? ········ 54

"皮肤刺客"快走开! 还我"妈生皮"! ·········· 61

第二章　这"大姨妈"到底要干吗啊?!

月经到底是"何方神圣"? ·············· 70

第一次来月经，如何告诉爸爸妈妈? ········ 76

月经一点儿也不规律是怎么回事? ········· 82

卫生巾，是伟大发明还是超大麻烦？ ……………… 87

月经跑出来了怎么办？ …………………………… 94

痛经到底饶过谁？ ………………………………… 101

青春期可以用卫生棉条吗？ …………………… 108

月经期间，怎么会有这么多"不可以"？ ………… 114

因为月经被男生嘲笑怎么办？ ………………… 120

月经期间的心情为什么像坐过山车？ ………… 126

第三章　性教育，是一件人生大事！

性教育，是一件人生大事！ …………………… 136

别碰，这是我的底线！ ………………………… 141

越是家长不让看的东西，我就越好奇 ………… 148

男生？女生？重要吗？ ………………………… 154

如何堵住"黄"同学的嘴？ …………………… 160

原来这不是口香糖？ …………………………… 165

天哪，这种病不写在脸上！ …………………… 170

没错！这些都算性骚扰！ ……………………… 176

第四章　护肤这件事也太难了吧！

我们为什么没有"护肤许可证"？ ……………… 184

脸上的油光，有办法解决！ …………………… 190

怎样挑选第一支洗面奶？ …………………………… 195

闭口、粉刺、痘痘，可以分开对待！ ………… 200

是是是，我不白！那咋了？ ………………………… 208

为什么我的护肤品反而让皮肤更糟了？ ………… 214

我可以用妈妈的护肤品吗？ ……………………… 220

那个……青春期可以化妆吗？ …………………… 225

救命！头皮开始下雪了！ ………………………… 231

第五章　我不想戴眼镜和牙套！

天哪，眼睛的"bug"也太多了吧！ …………… 240

"视力刺客"正在偷走你的视力余额！ ………… 247

护眼方法 vs 护眼神器 ………………………… 253

美瞳是我们的禁区吗？ …………………………… 259

戴眼镜才不丑呢！超可爱的！ ………………… 264

防蓝光眼镜是不是智商税？ …………………… 270

到底什么样的人需要戴牙套？ ………………… 276

啊啊啊啊啊！我不想戴牙套了！ ……………… 284

什么？刷牙应该放在饭后？ …………………… 290

第一章

救命，

长大

这么

这么

麻烦

身上多出了
"两块肉"？

吐槽大会

我最近真的有点儿烦，老天爷到底在我身上做了什么？

以前穿什么衣服都觉得轻松又自在，现在胸前的衣服竟然鼓起来了！

关键是，我不管怎么穿，都感觉怪怪的：穿宽松的吧，总觉得别人会说"看，她是不是藏了什么东西"；穿紧身的吧，又怕大家都盯着我看！

更可怕的是，那天上体育课跑步时，我发现胸前的两块肉在动！

偏偏我还听到旁边的同学小声说："咦，她是不是发育了？"

我当场"石化"，感觉脚趾都在抠地。后来我跑步时都不敢抬头，光顾着捂胸了！

我的脑袋里还时不时冒出一些奇怪的问题：这两块肉要长到什么时候？万一长得太大，会不会被笑"笨重"或者"太丰满"？要是长得太小呢？会不会被说"平平无奇"？谁来告诉我，为什么要长这两块肉？它们长成什么样才算"合格"啊？

成长真的太难了，我才不要每天为这两块肉烦心呢！

支招时间到

胸部发育很正常，它是女生的"成长奖章"

你知道吗？青春期胸部的发育其实就像身体颁给我们的"成长奖章"。

它是想告诉你："嘿，你就要变成大女孩了！"

每个女生都会经历胸部发育的过程，不同的人开始发育的时间不一样，有的早，有的晚。而且，胸部的大小没有什么"标准"可言，就像不管你是高是矮、是胖是瘦，都是独一无二的模样。

如果有些人总爱说"啊，你的胸怎么这么小 / 大"一类的话，那不怪你，是他们不懂得尊重别人！

大女孩可是非常自信的，不会活在别人短浅的目光里。

穿适合自己的内衣，
舒服才是"王道"

穿一件舒服的内衣，不仅能让你感觉更自在，还能让你更自信。

如果胸部有点儿不舒服，可以试试少女发育期内衣。这种内衣面料柔软、透气，能够保护胸部，防止摩擦。而且这种内衣大多是没有钢圈的，穿着不会紧绷。

运动的时候，可以选一款运动内衣，紧一点儿的那种。它可以帮你固定胸部，跑跳的时候胸就不会晃来晃去的，也就不会受伤了。

抬头挺胸，别让含胸成为习惯

有些女生可能会因为胸部发育而有点儿害羞，忍不住想含胸或者驼背……

我懂那种感觉，但是这样会让你看起来很不自信，还可能会让你的背疼痛不适，谁也不想在这个年纪就开始腰酸背痛吧？

所以，记得抬头挺胸哟！

这样不仅显得你很有气质，也能保持脊柱健康。

咱们要做自信的大女孩，腰背当然要挺得直！

别怕自己身体的变化被发现，成长是值得骄傲的事

如果有些人注意到你身体的变化，可能会笑话你或者跟你开玩笑，别放在心上哟！

其实，他们可能只是觉得这些变化很新鲜，或者根本不知道这是正常的。

总之，别担心，这完全不是你的问题。

成长是很棒的事情，没什么可害羞的。你身体的每个小变化都在告诉你，你正在长大。

灵妈的知心话

宝贝们，灵妈小时候也有过类似的尴尬经历，尤其是胸部刚发育的时候，总觉得所有人都在盯着我看。后来，我才明白：那些让我不安的变化，其实正是我在成长的标志。

其实，很多时候是你自己想得太多了。别人可能根本没注意你的变化，或者压根儿没当回事。

所以，不用担心被嘲笑，也不用因为别人不友好的目光而压抑自己。挺直腰杆，穿得舒服，欣赏自己，才是最重要的。

如果你真的不知道该穿什么，或者不知道怎么和这些变化相处，可以随时问妈妈、姐姐，或者像灵妈这样的阿姨哟！我们都经历过这个阶段，非常理解你的感受。

最后，灵妈想偷偷告诉你一件事：成长虽然有点儿麻烦，但它真的很棒，因为它让你成为更特别的你。

所以，下次对着镜子感慨的时候，你不妨笑一笑，拍拍自己的肩膀，说一句："嘿，我真棒！"

那么多内衣，
怎么选？

吐槽大会

　　大家有没有这种感觉：挑内衣简直就像在考试——太难了！

　　更别提第一次穿内衣时，那种又羞又气又无助的感觉了。

　　——明明只是多穿件衣服，为什么我觉得这么麻烦呢？

　　你看，穿得紧了吧，总觉得自己像被"绑架"了一样，不敢深呼吸；穿得松了吧，又像在偷穿妈妈的内衣，没安全感。

　　更尴尬的是，万一穿着不太合适的内衣跑步，胸部会不由自主地晃荡起来！这要是被同学们看到了，得多难为情啊！

接受多穿一件衣服的事实

姐妹们，我懂！从小时候上身只穿一件衣服的轻松自在，到现在突然要多穿一件衣服，确实会觉得别扭、不习惯，甚至有点儿抗拒。

可是你知道吗？这件多穿的衣服并不是负担，而是一份成长的专属礼物。

它是一个独特的标志，告诉全世界你正在长大。

它就像超级英雄的装备，虽然平时看不见，但能默默地保护你，让你更自在地活动。

不妨试着把它当成你的"小战袍"，穿上它，既是为了保护你，也是为了让你的动作更舒展、身姿更挺拔，从而变得更自信。

发育期选对内衣很重要

青春期，我们的胸部处于发育的重要阶段，不同时期需要选择不同的内衣哟！

萌芽期(8~11岁): 胸部刚开始发育，适合穿轻薄柔软的无夹棉小背心。它既能避免凸点的尴尬，又很轻便舒适。

成长期(12~15岁): 胸部逐渐变得饱满，可以选带胸垫的圆弧形内衣，这样可以更好地保护和支撑胸部。

塑形期(16~18岁): 胸部基本发育成熟，可以选择包裹性和支撑性更强的内衣。不过，C罩杯以下不建议穿有钢圈的内衣，以免影响胸部发育。

内衣尺码如何选？别靠猜

　　胸部发育成熟前，可以根据身高和体重选内衣，通常店家也会提供尺码参考。胸部发育成熟后，要根据下胸围和围差选内衣。

　　下胸围　围绕胸部底部一周的长度。

　　围差　上胸围（围绕胸部最满处一周的长度）减去下胸围的差值。根据围差可确定罩杯的型号，比如围差是 11 厘米，那就是 B 罩杯。

　　收好下面这张内衣尺码对照表，希望它可以帮你顺利选出适合自己的内衣。

内衣尺码对照表

下胸围 围差	68 ~ 72 cm	73 ~ 77 cm	78 ~ 82 cm	83 ~ 87cm	88 ~ 92cm	93 ~ 97cm	98 ~ 102cm
7.5 ~ 10cm	70A	75A	80A	85A	90A	95A	100A
10 ~ 12.5cm	70B	75B	80B	85B	90B	95B	100B
12.5 ~ 15cm	70C	75C	80C	85C	90C	95C	100C
15 ~ 17.5cm	70D	75D	80D	85D	90D	95D	100D
17.5 ~ 20cm	70E	75E	80E	85E	90E	95E	100E
20 ~ 22.5cm	70F	75F	80F	85F	90F	95F	100F
22.5 ~ 25cm	70G	75G	80G	85G	90G	95G	100G

内衣材质也有讲究

常见的内衣面料有棉、莫代尔等。选择时，舒适是第一要素。

棉质面料吸湿性好，柔软，但弹性较差。

莫代尔面料透气性好，但容易变形，不太耐用。

选内衣时，最好试穿几款不同材质的，找到最舒适的那一款。

灵妈的知心话

我小时候第一次选内衣时，也觉得超级麻烦！试了好几件，我才找到一件不勒人又不会滑落的。那时候我也不明白，为什么要花那么多心思在"多穿一件衣服"上。后来长大了我才知道，选对内衣真的很重要！

它是胸部的守护者。

青春期是胸部发育的关键阶段，穿上合适的内衣，能减少摩擦和晃动，不仅能保护胸部不受伤害，还能预防含胸、驼背等不良习惯。穿对了内衣，整个人会更轻松、更自在！

它能帮助你自信成长。

一件合身的内衣不仅能提供身体上的保护，还能提供心理上的支持。它能让你从容应对青春期身体的变化，不用因为凸点或不适而感到难为情和尴尬，从而帮你解决成长的烦恼，让你自信成长。

每个人身体的发育速度都不一样，发育后的身形也不一样，这也是你独一无二的地方。选择一件合适的内衣，就是对自己的身体说："我很特别，值得最好的呵护！"所以，宝贝，如果你觉得内衣太难选，可以让妈妈或信得过的姐姐帮你挑

选，她们都经历过身体发育的过程，会懂得你的感受。

　　不要想着一下子就找到完美的那一件内衣，多试几款，总会找到适合自己的。最重要的是，不要害怕身体的变化。穿上内衣，是你向大女孩转变的重要一步。内衣不仅能保护你，还能陪伴你自信地面对成长的烦恼。

　　下次试内衣时，不妨悄悄告诉自己："这是我未来的专属战袍，穿它，是因为我正在变得更强大！"

啊啊啊！
洗内衣太麻烦了！

吐槽大会

　　姐妹们，你们有没有发现，成长总会带来一些意料之外的"附加任务"？

　　比如，从某一天开始，洗衣篮里多了一个"娇气包"——内衣。

　　这东西虽然小，洗护时却有大讲究。

　　搓洗的时候不能太用力，否则它会"瘫软"。

　　晾晒的时候不能随便挂着，否则它会"垮塌"。

　　水温要适中，洗涤剂更要精挑细选，稍不注意，它就会变形、"罢工"。

　　说实话，真想把它扔进洗衣机，可是又怕它承受不住……

　　洗内衣真的很烦，成长怎么这么麻烦！

支招时间到

洗内衣其实不麻烦

不瞒你说，刚开始我也觉得洗内衣简直是个天大的麻烦。后来我慢慢发现，这个麻烦中其实藏着成长的小秘密。

洗内衣，是为了更好地保护你的身体

虽然内衣比普通衣服娇贵，但它的确能保护你的身体，尤其是在运动的时候，可以让你避免尴尬或不适。你把内衣洗护好，它就可以陪你更久哟！

洗内衣，说明我们正在长大

小时候的我们往往很喜欢做那些象征着长大的小事：自己系鞋带、自己涂面霜……现在，我们的生活中又多了一件有"仪式感"的小事——自己洗内衣。这是长大的表现，说明你正在变得独立、成熟。

洗内衣，是爱自己的表现

多花一点点时间呵护内衣，其实也是在爱护我们自己。每一次对内衣进行清洗、晾晒，都是对自己的尊重和疼爱。

如何正确清洗内衣?

清洗内衣可不只是"简单用水涮一涮"哟!为了我们的身体健康,同时让内衣寿命更长,我们洗内衣时需要注意以下几点。

★ **水温要适中,手洗更轻柔**

最佳水温 40℃以下的温水或冷水。这样既能将内衣清洗干净,也不会损伤面料。

洗涤方式 倒入内衣专用洗涤剂,浸泡 5~10 分钟后,用手轻轻揉搓。注意重点清洗胸垫和肩带,不要忽略出汗多的部位。

★ **正确晾晒,延长寿命**

内衣洗净后,不要用力拧干,可以用双手挤压水分。

晾晒时避免直接挂起,建议侧着挂或倒挂,防止肩带因重力而变形;也可以选择平铺晾干,这样最不容易变形。

★ **分开清洗，避免污染**

内衣与包括内裤、袜子在内的其他衣物最好分开清洗，以减少细菌交叉感染。

如果必须机洗内衣，可以先将内衣放入内衣专用洗衣袋，再进行机洗，以免内衣变形。

内衣要及时更换

友情提示：当内衣出现松垮、变形、面料老化等现象时，就该换新的了！

灵妈的知心话

小时候，灵妈也觉得洗内衣是一件麻烦事，总是希望能偷个懒。后来我才明白，清洗内衣不仅是为了干净，也是为了呵护自己。

内衣是"身体的守护者"，穿上内衣，你的胸部能得到更好的保护。通过清洗内衣，你也会产生一种责任感——我正在用心照顾自己。这种感觉其实让人很踏实呢！

看到洗净的内衣被阳光晒得暖暖的，你一定会觉得特别舒服。虽然成长有时让人很烦恼，但解决这些小麻烦能让你逐渐变得独立、自信。

所以，宝贝们，别再抱怨"又要洗内衣"啦！对自己微笑一下，告诉自己："这是我成长的见证，我正在成为更棒的自己！"

为什么多出来的
"两块肉" 会痛？

吐槽大会

姐妹们，你们有没有发现，成长路上总会遇到"突然袭击"？

比如，每个月总有那么几天，胸口多出来的"两块肉"变得敏感又脆弱，有时候还疼得让人抓狂，甚至让人忍不住怀疑自己得了什么奇怪的病。

更离谱的是，这种疼痛根本没有规律可循！

有时候是隐隐的钝痛，有时候又像刺痛，还有时候是因为某个动作或者轻微的触碰就感到不舒服。

更神奇的是，几天后，疼痛又悄无声息地消失了，真让人摸不着头脑！

成长怎么这么爱折腾人啊？

本来以为胸部发育只是多穿一件衣服的事，结果却莫名其妙多了这么多附加烦恼！

支招时间到

胸部疼痛其实是成长的信号。

别慌张！胸部发育时的疼痛大多是正常的。这些疼痛并不是"坏消息"，而是身体在告诉你："嘿，你正在健康成长！"

胸部为什么会痛？

★ "激素建筑师"正在"工作"

你知道吗？在青春期，身体里的"激素建筑师"开始忙活起来了，它们要把胸部从"平地"慢慢"建"成一个温馨的小窝。

在"修建"过程中，乳腺组织像在做拉伸训练，周围的神经会被稍微"扯一扯"，所以你会觉得胸部有点儿胀、有点儿疼。这不是坏事，是身体在成长。

★ 月经正在发挥影响力

有时候，胸部疼痛跟月经周期也有关系。比如在经期前几天，激素水平忽上忽下，乳腺组织就会变得异常敏感，一碰就有点儿疼。别担心，这种情况会随着经期结束慢慢缓解。

如何让疼痛"下线"？

★ 穿得舒服一点儿，胸部会感激你

穿一件柔软的发育期少女内衣，就像给胸部加了一层保护罩，活动的时候它就不会乱晃，摩擦感也会减轻。无钢圈的内衣更舒服。可千万别因为胸痛就不穿内衣。

★ 热敷按摩，舒服又有效

用一条温热的毛巾敷在胸口，让胸部放松一下。如果疼得厉害，也可以用手轻轻按摩，就像在跟胸部说："你辛苦啦，放松放松！"动作一定要轻柔哟！

★ 别生闷气，快乐是万能药

情绪低落的时候，身体也容易不舒服。画画、听听喜欢的音乐或者跟朋友聊聊天，让心情好起来，身体也会跟着放松。

注意事项

　　大多数时候，胸部疼痛都是正常的成长现象，但如果你发现有下面这些情况，记得告诉妈妈或者去看医生。

　　疼得太厉害，影响日常生活。

　　胸部摸起来有硬块，或者皮肤变红，还有奇怪的分泌物。

　　只有一边胸部疼，而且疼了很久都没好。

灵妈的知心话

灵妈知道，胸部疼痛确实让人抓狂！有时候，你可能会想："为什么小时候那么轻松，长大了反而变得这么麻烦？"

灵妈小时候也有过这种感觉，尤其是胸部刚开始发育的时候，总觉得身体变得陌生又难懂。每次胸口一疼，我就忍不住担心自己出了什么问题。后来才发现，其实这些疼痛只是成长的信号。你的身体在悄悄告诉你："嘿，你正在变得更成熟、更特别！"

不过，说成长是"小麻烦"也没错，有时候身体的变化确实会让人不适应。但是别怕，灵妈偷偷告诉你：大多数时候，真正困扰我们的不是身体上的疼痛，而是心里的不安。

学会和自己的身体"交朋友"，感到困惑的时候，千万别自己憋着，可以向妈妈或信得过的姐姐倾诉。

成长的路上总会遇到这样或那样的困扰，但它们并不是来阻挠你成长的，而是为了让你变得更坚韧、更特别。

灵妈知道，你一定可以适应这些变化，而且将来你会发现，这些烦人的小插曲不过是你成长故事里的小小注脚！

身材走样了，
是谁的错？

吐槽大会

为什么成长的代价是身材走样啊？

为什么我的屁股突然变大了，腿也变粗了？

小时候穿上裙子觉得自己简直像个仙女，裙摆一转，轻盈得好像能飞起来。

可最近穿衣服时……天哪，屁股居然被卡住了，就算使劲穿上了，可拉链怎么拉都拉不上！

腿也感觉被紧身裤"夹"住了，被裹得紧紧的！

更烦的是，有些人还喜欢随口评论："哎呀，你是不是最近吃得有点儿多？"

我吃得多不多，跟你有什么关系？

更何况，我明明没怎么吃零食，也没有多喝奶茶，为什么还是变得这么"圆润"？

每次看到镜子里的自己，我都会忍不住想："我怎么突然这么胖了？是不是变丑了？怎么会这样，我还有救吗？"

说实话，成长有时候真的"不讲道理"！

支招时间到

屁股变大、腿变粗可能真不是因为长胖了。

这是青春期特有的成长变化，每个人都会经历哟！咱们来慢慢说。

为什么会变成这样？

长大了就会这样啊！进入青春期，我们身体里的激素就成了"大导演"。它会给我们安排新的"身材剧情"。

★ 脂肪迁移

青春期，脂肪喜欢"搬"到我们的臀部和大腿，这样才能让身体更健康、更结实。

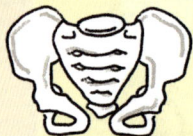

★ 骨头变强

青春期，骨头也会变大，我们的盆骨会逐渐变宽，这是身体在为将来的成长做准备。屁股看起来变大了，是因为骨骼在"扩建"，我们正在长高。

★ 肌肉变结实

有些女生会觉得大腿变粗是胖了，其实是变结实了。青春期，我们的腿部肌肉会变得更强壮，摸一摸你就知道了。

如何与变化相处?

穿舒服的衣服，别管它顺不顺眼！ 如果觉得紧身裤太勒了，那就换上宽松的裤子或者裙子。别再试图挤进小时候的衣服里啦！穿得舒服，心情才会变好。

做点儿运动，身体更健康！ 别总想着"瘦腿"或"瘦屁股"了，做一些简单的运动吧，比如骑自行车、跳绳、散步等。运动不仅能让身体更健康，还能帮你赶跑坏情绪。

不要被别人的话吓着！ 如果有人说："你的屁股好大哟！"你可以回一句："对呀，因为我正在长大呢，总不能永远像小孩子吧！"对自己身体的变化自信一点儿，别人反而会羡慕你。

别让"身材羞耻"住进你的心里

　　每个人的身材都不一样，那些喜欢随意评论别人身材的人，其实根本不懂成长的美好。你只需要照顾好自己，不用活在别人的目光里。

　　你可以对自己说："我很棒！"照镜子的时候，如果觉得屁股大或者腿粗，就对自己笑一笑："这说明我快变成大女孩啦！"

灵妈的知心话

你知道吗？那些随意评论别人身材的人，根本不值得你在意。可能他们只是随口一说，却让你偷偷难过了一整天。现在，灵妈想告诉你：那些人说什么都没关系，因为这段成长经历只属于你。

自信的态度是最有力量的，当你不在乎别人的评论时，别人也就没话可说啦！

每个成长的暗号，都值得骄傲。

灵妈想让你记住：屁股变大、腿变粗不是身材走样，更不是变丑，它们都是成长的一部分。就像小时候换牙一样，当时可能会觉得有点儿丑，但现在回头看，是不是觉得每颗牙齿都变得更漂亮了？

所以，别再纠结这些小变化了。

穿上舒服的衣服，笑着对镜子里的自己说："我现在的样子也很好看呀！"

成长会带来很多变化，它们对你来说都是独一无二的印记。

我不想变成
"长毛怪"啊！

吐槽大会

我完全没有想过，自己有一天会变成"长毛怪"！

小时候，胳膊和腿上的毛软软的、浅浅的，谁都不会在意。

可是不知道从什么时候开始，这些毛毛"存在感拉满"！

胳膊上多了很多深色的小毛毛，腿上还出现了"小森林"，腋下的"新朋友"也不请自来！

更扎心的是，身边的人还喜欢随口说："哟，你的毛毛怎么这么多？"

听完这话，我真的尴尬得想挖个地洞钻进去。

换衣服时我都觉得难受，恨不得让毛毛全部消失！

那些"女生要干干净净才好看"的声音更是让人怀疑：

我现在这样是不是不够精致、不够漂亮？

到底该不该脱毛？毛毛会不会越剃越多？

支招时间到

姐妹们，别急！其实，青春期长毛毛是正常现象。它们是身体送给你的"保护装备"。

每个人在青春期都会经历这样的变化，毛毛可不是来捣乱的哟。接下来，咱们就一起来看看毛毛到底在搞什么名堂，以及怎么和它们和平相处吧！

为什么我们会长毛？

激素是"长毛事件"的幕后"导演"。

在青春期，我们身体里的激素会发出指令，让毛囊变得更活跃，所以毛毛会变得又多又明显。

这只是身体成长的信号，每个人都会长毛毛，你根本没什么好担心的！

毛毛是身体的小卫士

腋下的毛毛可以减少摩擦，让你活动时更舒服；还可以帮助排汗和散热，调节体温。胳膊和腿上的毛毛能保护皮肤不被刮伤或者晒伤，阻挡细菌入侵。

它们虽然看起来不起眼，但其实在默默为你服务呢！

想脱毛？可以试试这些方法

如果你喜欢清爽的感觉，可以试试脱毛，但一定要选择适合青少年的安全脱毛方式。

用剃毛器剃毛：用剃毛器轻轻刮掉皮肤表面的毛毛，记得动作要轻，以免刮伤皮肤。

用脱毛膏脱毛：先在手臂内侧试一下，确认不过敏再使用。

特别注意：拔毛可能会伤害毛囊，甚至引发红肿或感染，所以建议不要拔毛哟！

毛毛会不会越剃越多？

关于毛毛会越剃越多的说法，其实并不科学。

剃毛只是把毛毛剃短了，并不是连根剃除。重新长出来的毛毛，毛尖更粗，所以看起来好像变多了，实际上毛毛的数量和生长速度并没有变。

放心大胆地剃毛，不用害怕！

如果不脱毛会怎么样呢？

不脱毛也完全可以！

毛毛是身体的一部分，自然的状态同样健康、漂亮。只要你自己觉得舒适，脱不脱毛都可以。

如果有人拿你的毛毛开玩笑，你可以幽默地回一句："没错，我在长大呢！"自信的样子最迷人，谁还敢说你不美？

灵妈的知心话

宝贝，其实身体长毛毛从来不是问题，真正重要的是你怎么看待它们。

如果你喜欢清爽，那就脱毛。

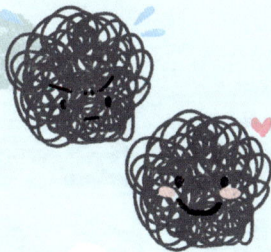

但一定要用安全的方法脱毛，温柔地对待你的身体。记住，脱毛不是为了取悦别人，而是为了让自己更舒服。

如果你喜欢顺其自然，那就大大方方地接受毛毛。

毛毛的存在再自然不过，顺其自然也是一种美。别人怎么看你并不重要，重要的是你怎么看自己。正因为你懂得欣赏自己，才显得更特别！

每一根毛毛都是成长的见证，与它们和平相处，是你走向成熟的表现。不要害怕，也不要焦虑，勇敢地做自己才是最美的！

上面的空气到底
是什么味道的？

吐槽大会

姐妹们，我得承认，我就是传说中的"小个子"。

每次站在人群里，我总觉得自己像是"地面代表"，永远站在队伍的最前方，从来没有机会体验站在后面的感觉。

每当站在高个子同学的旁边，我脑海里就会冒出一个问题："上面的空气到底是什么味道的？是不是更清新？"

更扎心的是，有些人总是喜欢拿我的身高开玩笑：

"哎，那么多年的饭你白吃啦？"

"感觉你完全没长啊，矮冬瓜！"

虽然我表面上笑嘻嘻的，但心里真的有点儿难过。

可就算我拼命喝牛奶、跳绳，长高的速度还是慢得像蜗牛爬行一样，真让人抓狂啊！

我好想长高，去闻闻上面的空气的味道。

支招时间到

姐妹们，别急，也别再羡慕高个子能呼吸到上面的空气啦！

身高并不能决定一个人的闪光程度，而那些关于长不高的传言也并不都是真的。

接下来，我们就从科学的角度来破解身高谜题。

身高是由什么决定的?

基因决定起点，努力决定上限！

一个人能长多高60%～80%是由基因决定的，营养、睡眠、运动等则占了20%～40%。也就是说，我们只要努力，就有机会发挥全部潜力，长得更高！

月经来了，个子还能再长吗？

别担心，月经来了并不意味着个子完全停止增长，女生在初潮后通常还能再长5~10厘米。真正决定身高是否"封顶"的，是骨骺线是否闭合。如果骨骺线还没闭合，个子就还有机会往上蹿。

怎样做才可以长得高？

★ **吃得好，才有长高的"建材"**

长个子就像盖大楼，要想大楼盖得高，得有足够的"砖头"才行，而钙就是长个子最需要的"砖头"。要想让骨头长得又长又结实，可以用以下几招来补钙。

◎ **每天一杯牛奶，给骨骼补充动力**

早上喝一杯牛奶，全身的骨头似乎都在欢呼："来了，长高的机会来了！"不喜欢牛奶的姐妹，也可以试试酸奶、奶酪或豆腐，它们都是补钙好帮手。

◎ **晒太阳，给钙找个"好搭档"**

钙要想更好地被身体吸收，得靠维生素 D 的帮助。每天在阳台上、花园里或者操场上晒 20 分钟太阳，就像给身体连上了一个"充电宝"，能够促进维生素 D 的合成，从而促进钙的吸收，补钙效果更好。

◎ **偶尔来点儿钙片加餐**

如果医生说你缺钙，可以试试吃钙片。但记住，补钙别贪多，适量就好，健康才是最重要的。

★ **睡得好，晚上偷偷长高**

听我的，别再熬夜啦！生长激素是晚上才"开工"的，尤其是当你睡得香的时候，它"干活儿"可认真了！

◎ **保证足够的睡眠时间**

每天睡 8~10 小时，让身体长高的生长激素才够量。

别玩手机，早点儿睡，让身体好好休息，才能长得又高又健康。

◎ **睡前来点儿放松的小仪式**

睡觉前放下手机，听一段舒缓的音乐，或者做几个简单的伸展动作，比如弯弯腰、拉拉背，整个人会更放松，长高效果会更好哟！

★ 动起来，跳一跳，"冲上云霄"

运动是让骨骼加速生长的好方法，尤其是跳跃类运动，简直是长高的"神器"。

◎ 跳绳运动安排上

每天跳绳 2~4 组，每组 100 下，既能让心情变好，又能让身体偷偷长高。

◎ 摸高跳，挑战极限

找一个高高的门框，试着跳起来摸到它。摸不到？没关系，只要每次跳得更高一点儿，总有一天你可以摸到它。

◎ 拉伸不要怕麻烦

练习瑜伽里的猫伸展式或者简单的上举动作都是助你长高的好方法，每天花几分钟练习，能够刺激骨骼和关节，促进生长激素的分泌。

★ 别让体态拖了后腿

大家要记住：长身体时千万不要弯腰驼背！

如果姿势不对，脊柱可能会弯曲变形，让你显得更矮。

◎ 走路时要像有根线吊着头顶

肩膀自然放松，背挺直，整个人瞬间就挺拔了。

◎ 上课时别趴在桌子上

如果你老是趴在桌子上听课或写作业，不仅显得没精神，还会让脊柱受压。

试试坐直一点儿，你会发现气质立马提升了。

灵妈的知心话

熟悉我们的宝贝都知道，机灵姐就是人群中的小不点儿。

我也曾因为她的身高问题苦恼过，后来还带她去医院做了详细的检查，发现她的生长激素分泌的确有点儿不足，但医生给出的评估结果是：她的身体指标完全正常，身体发育也没有问题。

于是，我们决定通过优化生活方式来帮助她充分发挥自己的身高潜力。

她非常努力，也慢慢发现自己的身高确实在缓慢增长，更重要的是，她的自信心在这个过程中变得越来越强！

如果你已经尽力吃得健康、睡得够多、运动到位，体检一切正常，但还是没法长得很高，那也没关系！身高从来不是决定人生的关键，自信和努力才是最重要的！当你敢于抬起头，挺直腰，用笑容去面对每一天，别人自然会看到你的光芒，而不是你的身高。

如果下次有人对你说："你怎么长不高了？"你就自信地回答："不着急，我在慢慢拔苗！"

这样的你，谁还敢小看？

生长痛是一种
什么样的痛？

吐槽大会

最近，我晚上睡觉的时候，胳膊、小腿甚至大腿的骨头会突然很痛。

那种感觉就像有什么东西在骨头里偷偷"捣乱"，让人根本没办法好好睡觉！

更诡异的是，早上起来又好像什么事都没发生过。

第一次经历这种"夜晚折磨"时，我真的被吓坏了，慌忙跑去问妈妈："我是不是得了什么奇怪的病？"

妈妈淡定地说："别怕，这是生长痛，是正常的！"

正常？为什么"痛"还能跟"正常"扯上关系？

还有，谁能告诉我，长高为什么要配上疼痛"附加包"？

成长也太会"搞事情"了吧！

支招时间到

姐妹们，别慌！让我们先来了解一下生长痛。

什么是生长痛？

生长痛不是病，而是青春期很常见的一种现象。

它通常出现在胳膊和腿部的骨头上，膝盖后面、小腿前侧最容易"中招"。

这种疼痛通常会在晚上加重，早晨又会缓解。

生长痛的原因目前没有定论，但有以下两种可能的解释。

骨骼生长太快　身体长高时，骨骼的生长速度比周围的肌肉和韧带的生长速度快，导致这些组织被"拉扯"，引发疼痛。

运动导致疲劳　白天活动量大，特别是跑跳运动较多时，肌肉会疲劳，晚上就通过疼痛表现出来。

生长痛会不会影响长高?

放心,生长痛不会阻碍你长高。

相反,它是你身体正在快速长高的信号。你可以将它理解为成长路上的一点儿小波折,绝对不是什么大问题哟!

如何缓解生长痛?

疼痛来了,咱们可以试试这么做。

热敷 + 按摩

将热毛巾敷在疼痛的地方,并轻轻按摩肌肉。这样能让紧张的肌肉放松下来,从而减轻疼痛。

拉伸训练

睡觉前做一些简单的拉伸动作,比如小腿拉伸、后踢腿、背部拉伸等,这样可以缓解白天运动积累的疲劳。

适量运动

虽然生长痛和运动有关，但这并不代表要完全避免运动。适量的跑跳、跳绳、伸展运动有助于骨骼和肌肉协调生长，但记得不要过度劳累！

补充营养

多喝牛奶，适量吃点儿豆腐、鱼肉等富含钙的食物，确保每天摄入足够的钙和维生素D，这样能让骨骼更健康。

生长痛一般是对称的，比如两条腿同时疼。如果只有一边疼，或者疼痛特别严重，还伴随红肿发热现象，要及时告诉家长并去医院检查哟！

灵妈的知心话

记得有一天晚上，机灵姐突然跑来找我，捂着小腿、皱着眉头，一脸委屈地问："妈妈，我是不是哪里坏掉了？"那样子真是可怜又搞笑，简直让我哭笑不得。

我摸了摸她的头，安慰道："傻孩子，你不是坏掉了，而是在长高呀！再忍一忍，说不定明天早上起来，你就比今天高了一厘米呢！"虽然这是个小玩笑，但看着她的表情从担忧慢慢变成期待，我知道她已经不那么害怕了。

随后，我拿来一条热毛巾敷在她的小腿上，并轻轻给她按摩了一会儿，还给她讲了一个有趣的小故事："你知道吗？每个青春期的孩子的身体里都住着一位'小建筑师'，它负责将你的骨头建得高高的、壮壮的。生长痛就是'小建筑师'干活儿太快时给你的小提醒，让你知道自己正在长高呢！"

听完这话，她有点儿开心，像发现了秘密一样，拉着我的手认真地说："那我要好好睡觉，给'小建筑师'多一点儿时间工作！"

成长的路上确实会有一些小波折，比如生长痛、鞋子突然变得不合脚、裤子变短了……这些小波折虽然有点儿麻烦，但它们都在告诉你：你正在变得更强大、更优秀！

油田脸＋油锅头，成长为什么这么"油腻"？

吐槽大会

姐妹们，你们有没有发现，最近的自己好像变成了一座"油田"？

脸刚洗完还清清爽爽的，过一会儿就开始"发光"；头发早上还蓬松飘逸，到了下午就变成了一锅油炸的"黑暗料理"！

更令人崩溃的是，这种"油腻"还特别喜欢和痘痘、头皮屑组成"灾难三重奏"！

连平时不太细心的爸爸都忍不住说：

"哎，你是不是压力太大了，怎么感觉你今天油乎乎的？"

听到这种话，我真想给我的脸和头发递张纸巾，说一句：

"求求你们，把自己擦干净吧！"

到底是哪里出了问题？为什么青春期我们的脸和头发突然变得"不听话"了？

支招时间到

姐妹们，别怕！变油并不是你的问题，而是成长的"副作用"。俗话说，知己知彼，百战不殆。在控油之前，咱们先来了解一下为什么会变油。

为什么青春期我们会变油？

激素惹的祸

青春期，我们体内的激素分泌旺盛，这会刺激皮脂腺"疯狂工作"。皮脂分泌一旦过多，就会让脸和头发显得油腻腻的。

新陈代谢旺盛

我们的身体正在快速生长，新陈代谢也随之加快，头皮和脸上分泌的皮脂自然比小时候多。

不良生活习惯的影响

熬夜、吃油腻的食物、不注意清洁……这些不良习惯也会让油脂更"猖狂"哟！

油腻脸，怎么护理？

"清爽秘籍"了解一下。

洗脸要温柔，别用力搓

每天早晚用温水和温和的洗面奶洗脸，千万别用力搓或者用刺激性的洗护产品，不然皮脂腺会以为你在挑衅："油不够？那就再来点儿！"

控油不等于不保湿

脸上出油多，其实是皮肤缺水的信号。洗完脸后，用清爽型乳液或者面霜锁住水分，皮肤水油平衡了，自然就没那么油了。

拒绝过度清洁

一天洗两次脸就够了，别一出油就忍不住洗脸，这只会让皮脂腺"越战越勇"。洗得太频繁，脸只会更油。

油锅头，怎么救？

拯救油腻的头发，也要讲究方法。

★ **洗头别太勤**

每2~3天洗一次头就可以了。如果头皮真的特别油，可以每天洗，但记得用温和、控油的洗发水，确保头皮屏障的健康。

★ **护发素只涂发尾，千万别碰头皮**

护发素涂在头皮上不仅会堵住毛孔，还会让头发更油。只涂发尾，轻轻按摩，再用温水冲干净，效果会更好。

★ **管住手，别老摸头发**

手上的细菌会让你的头发更油。管住手，别频繁摸头发，出油情况会好很多哟！

调整生活习惯，给"油田"减负

少吃油炸食品，多吃蔬菜水果

胡萝卜、菠菜、鱼肉等富含维生素和蛋白质的食物是"控油神器"，可以多吃一些；而甜食和油炸食品会加重出油，记得少吃哟！

睡眠充足，皮肤才能休息好

每天睡够8～10小时,尽量不熬夜。充足的睡眠有助于维持激素平衡，让皮肤和头发保持清爽。

运动一下，帮皮肤排排毒

每天运动30分钟,不仅能让皮肤更健康，还能让你神清气爽，远离油腻感。

灵妈的知心话

宝贝们，灵妈小时候也经历过这样的"油腻时刻"。那时候，我早上洗完头，神清气爽地出门，下午一照镜子，发现头发已经成了"油锅底"，额头上甚至能"煎鸡蛋"。关键是，那时候网络不发达，我根本不知道该怎么科学地和"油头油脸"做斗争，唯一的办法就是每天洗头洗脸，还频繁地用吸油纸吸。

后来我才知道，青春期的油腻现象其实只是成长过程中的小麻烦。随着青春期结束，激素水平逐渐稳定下来，皮脂腺便不再"疯狂工作"，出油现象自然就会缓解。只要你学会用温和的方式清洁、护肤，调整好生活习惯，"油田"就会慢慢缩小，皮肤和头发都会变得清爽又健康。

灵妈还想告诉你们：千万不要因为皮肤或头发油腻就觉得自己不好看。其实，这些小麻烦都是青春期的一部分，它们在告诉你："嘿，你正在长大呢！"当你学会接受它们，用"清洁＋好习惯"的组合拳解决问题，你会发现自信和健康才是青春期最美的标志。脸上的油光和头发的油腻都是暂时的，而你的人格魅力会一直陪着你！

"皮肤刺客"
快走开！
还我"妈生皮"！

吐槽大会

姐妹们，你们有没有发现，在青春期，皮肤变得特别不安分？

本来好好的脸，现在却成了"皮肤刺客"的主场，各种"小刺客"纷纷现身，一个比一个抢镜！

鼻子两侧的小白点像一颗颗种子，正在悄悄扎根；额头上的黑点怎么看都像一粒粒黑芝麻；下巴上的红疙瘩鼓鼓的，摸一下还疼得直跺脚！

更糟的是，这些"小刺客"不仅喜欢抢镜，还爱搞点儿大动作：闭口悄悄冒出来，像埋伏的"特工"，不动声色地搞破坏；粉刺霸占鼻尖，直接当起了"C位明星"；青春痘更是"火力全开"，光明正大地抢地盘，根本停不下来！

当你精心打扮后想拍张照片，镜头却精准对焦这些"小刺客"，它们仿佛在无声地宣布："我们才是青春期的代言人！"

虽然妈妈安慰我们说"这些都是青春期的正常现象"，但当"油田"和"小刺客"联手搞事情的时候，谁还能淡定呢？

支招时间到

别慌！这些"小刺客"虽然讨厌，但并不可怕，它们的出现也不代表你生病了，只是身体激素水平变化导致皮肤状况出现了小波动。我们先来认识一下这些"小刺客"，了解它们的特点。在后面的章节中，我会告诉你如何"战痘"，帮助你恢复清爽的皮肤！

闭口：埋在皮肤里的"小种子"

什么样子？ 小白点或肉色颗粒，表面光滑，微微凸起，不会疼痛。

为什么会长？ 毛孔被堵住了，皮脂和死皮堆积在毛孔里，就会形成闭口。

粉刺："形影不离"的白头和黑头兄弟

白头粉刺： 闭口的进阶版，表面多了一层"白盖子"，常出现在脸颊和额头上。

黑头粉刺： 毛孔被堵住后，皮脂暴露在空气中慢慢氧化，变成黑色的小点点，特别爱驻扎在鼻子上，像一粒粒黑芝麻。

青春痘：皮肤的"叛逆分子"

什么样子？ 红红的，有时候带脓包，摸起来很痛。它们喜欢蹲守在额头、两颊和下巴这些爱出油的地方。

为什么会长？ 青春痘又叫"痤疮"，是毛孔被堵住后，皮脂堆积，细菌滋生引发的炎症。

如果这些"小刺客"被挤破或护理不当，就可能留下痘坑或痘印。这些印记可能会一直赖在脸上，所以千万不要乱挤哟！

灵妈的知心话

宝贝们，灵妈的皮肤就是地地道道的油痘肌。在青春期，我脸上常常油光锃亮的，痘痘更是从额头长到下巴。那时候，大家对皮肤护理了解得很少，市面上的护肤品也不多。灵妈当时根本不知道什么是温和清洁、补水保湿，更别提怎么科学"战痘"了。结果，因为乱挤痘痘、用力搓脸，我的皮肤上留下了不少"青春的痕迹"——痘印、痘坑。现在每次照镜子，看到这些痕迹，我总会想：要是当初知道一些护肤知识就好了。

正因为如此，灵妈特别羡慕你们。现在，网络这么发达，不管是皮肤清洁、控油，还是"战痘"技巧，只要想学，就能找到科学的方法。

所以，宝贝们，灵妈希望你们不要怕，勇敢地面对皮肤出现的小问题，学会科学"战痘"。只要掌握正确的护理方法，皮肤就会慢慢变好。灵妈也会陪着你们，一起面对这些"小麻烦"！

机灵姐的成长变化记录

8 岁 热爱粉色的小女孩，觉得世界就是糖果的味道。

9 岁 我发现自己比别人都矮了一点点，也偷偷在心里埋下了"我要长高"的小种子。

10 岁 虽然身高没有明显变化，但我开始认真跳绳、喝牛奶，把"追高计划"当作秘密行动，默默坚持着。

11 岁 身体开始有慢慢发育的迹象，裤子开始短了，个子在悄悄拔高，穿上小内衣啦！

12 岁 呜呜，月经还没来，有点儿小焦虑，不过我学会了安慰自己："没事的，每个人的节奏都不一样，我也在慢慢长大呀！"

13 岁 可能来了月经就是大女孩了吧？虽然心里有点儿紧张，但我希望自己可以勇敢一点儿，接纳每一个新的变化。

14 岁 不知道我有没有长到 155cm，甚至 166cm 呢？不管多高，我都要自信地走在青春的路上，眼里有光，步伐坚定！

15 岁 不管我长成什么样，我都相信：我是一朵慢慢盛开的花，每一片花瓣，都是我努力和成长的见证！

我的成长变化记录

我们在世界的不同
角落一起成长！

第二章

这
"大姨妈"

到底要干吗啊?！

月经到底是
"何方神圣"?

吐 槽 大 会

有没有人跟我一样，第一次听说月经的时候，心情像坐上了过山车？

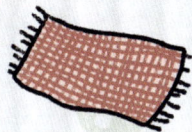

我虽然早就知道它是每个女生都要经历的特殊时刻，但一想到它真正"登门造访"的那一刻，还是会有点儿紧张。

比如，有一天我突然在内裤上看到一抹暗红色，脑袋里瞬间飘过一条弹幕：

"这是啥？哦，应该是那个月经吧！"

然后，我心里会冒出一连串问题：

"它多久才会结束？"

"如果在学校的时候它来了，会不会超级尴尬？"

最让人抓狂的是，它总是偷偷摸摸地来，让人措手不及。

那天我跟妈妈聊天，她说："月经是女生才拥有的'超能力'，它的到来说明你正在长大！"

我心想，这超能力好像有点儿特别啊——只要它在就不能剧烈运动，不能吃冰的食物，不能着凉……

所以，这个看似神秘的"访客"到底想告诉我什么？

它是成长的信号，还是对我的考验？

女生的青春期果然是一场既新奇又忙碌的冒险啊！

支招时间到

别慌！月经并不是灾难，而是长大的标志。

这说明你的生殖系统正式"上岗"啦！卵巢开始规律地工作，激素也进入"青春期模式"。这是身体在告诉你："恭喜！你已经从小女孩升级为大女孩啦！"

月经的幕后"导演"是谁？

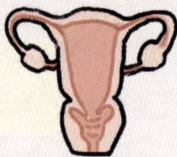

咱们的身体里有一群激素"导演"在统筹全局，比如雌激素和黄体酮。它们会对子宫说："喂，赶紧准备一张柔软的'小沙发'（子宫内膜），万一有'客人'（受精卵）来了呢？"于是，子宫内膜开始努力增厚，同时变得蓬松、柔软。

如果这个月没有"客人"入住，"小沙发"就没有用了，需要清理掉。

身体会通过子宫的收缩，把多余的子宫内膜排出来。

排出来的"套餐"里包括血液、脱落的内膜组织和一些分泌物，这就是月经啦！

传说中的月经周期

完整的月经周期分为 4 个阶段（平均 28 天，但在青春期可能忽长忽短）。

卵泡期

卵巢挑选一颗卵子重点培育，让它尽快成熟，雌激素上升，子宫内膜开始增厚。

排卵期

卵子冲出卵巢，等待和精子相遇（但青春期排卵可能不规律哟）。

黄体期

孕激素登场，子宫内膜继续"装修"，努力增厚，为怀孕做准备。

月经期

没怀孕？子宫内膜开始"拆家"啦！脱落的子宫内膜和血液、分泌物混合在一起形成经血，经血排出一般会持续 3~7 天。

为什么女生会来月经，
而男生不会？

　　这是因为女生的身体有一个特殊的"未来功能"——生孩子。虽然生孩子这件事现在听起来遥远又复杂，但月经的存在就是身体在为未来做准备。

　　男生不会来月经，是因为他们没有子宫，也就不需要为生孩子做准备了。不过，他们在青春期会长胡子、变声，男生、女生各有各的烦恼啦！

初潮：我的"大姨妈"
什么时候来？

　　通常来说，"大姨妈"会在女生10~15岁时登场。有些人早一点儿，有些人晚一点儿，这和身体发育节奏有关。比如，你可能会发现自己的胸部先发育，然后才来月经；也可能先来月经，再经历胸部的发育。

　　这些变化是体内的激素团队协作的结果，每个人都有自己的发育时间表，不用太在意。

灵妈的知心话

灵妈小时候听过一个很有趣的比喻，说来月经的过程就像接待客人。

子宫是个小房子，子宫内膜是为贵宾准备的小沙发，月经就像事后的大扫除。没派上用场的小沙发会被打包扔掉，而到了新的周期又开始准备新的沙发。这一切都是为了有一天能够接待那位特殊的客人（受精卵）。

所以，宝贝们，不要把月经当成灾难，其实这是你的身体在默默告诉你："嘿，你的激素团队在努力工作，你正在变成更棒的大女孩！"

如果你觉得来月经让人心烦也没关系，这说明你在认真感受自己的成长。下次"大姨妈"来时，不妨在心里对自己说："这是属于我的身体密码，能破解它，说明我正在成为更强大的自己！"

第一次来月经，如何告诉爸爸妈妈？

吐槽大会

你们遇到过这种情况吗？来月经后，除了要跟这位突然到来的"神秘访客"斗智斗勇，还得想办法告诉爸爸妈妈："我来月经了！"

如果不告诉爸爸妈妈，他们要是发现我们偷偷用卫生纸代替卫生巾，会不会觉得我们很糙？可是，如果直接跟爸爸妈妈说"我来月经了"，我们又会非常尴尬！更别提他们可能会反应过度了！

妈妈可能会关爱过头："哎呀，赶紧去喝点儿红糖水！""今天别运动，好好躺着！""是不是不舒服，要不要去医院看看？"

爸爸可能一脸慌乱，不知道该说什么，甚至可能害羞到假装没听见。

太尴尬了，这会让我们更不愿意说出口。

更可怕的是，拖着拖着，爸爸妈妈发现了蛛丝马迹，然后追问："这几天怎么用了这么多卫生纸？""是不是有事瞒着我们？"那场面简直比月考还要惊险！

所以，告诉爸爸妈妈自己来月经了这件事说起来简单，实则是一场心理拉锯战：说吧，觉得尴尬；不说，又不方便。唉，真让人头大！月经明明是正常的生理现象，为什么开口谈论它却像闯关一样难？

支招时间到

别慌！和爸爸妈妈聊月经一点儿也不丢人，反而是勇敢的表现！试试下面这几招，轻松化解尴尬！

直接出击法：趁热打铁，及时告知

坦白局

策略

发现来月经了，直接告诉爸爸妈妈，简单粗暴但有效！

爸爸妈妈会立刻明白你的需求，火速支援卫生巾和热敷袋。

优点

话术参考

"妈，我好像来月经了！能教我怎么用卫生巾吗？"

"爸，我需要买点儿女生用品，您能陪我去超市吗？"（爸爸可能会脸红，但心里会很骄傲！）

78

暗号加密法：用轻松的方式传递信号

策略

假装不经意地暗示父母。

优点

爸爸妈妈秒懂你的潜台词——"爸爸妈妈，我也到了来月经的年纪"，并顺势开启话题。

话术参考

"我们班的小红今天来月经了，老师还夸她长大了呢！"

道具辅助法：用行动代替语言

策略

"不小心"把卫生巾包装袋放在洗手台上，妈妈看到后自然会来询问："宝宝，你来月经了对不对？"

优点

避免当面开口的尴尬，适合腼腆害羞的女生。

万能借口法: 拉上 "挡箭牌"

策略
　拉上姐姐或闺密当助攻: "妈, 我姐说女生第一次来月经要用 ×××, 我是不是也可以拥有 ×××?"

转移焦点, 让对话更自然。　**优点**

终极必杀技: 发个表情包

策略
　给妈妈发微信, 狂甩"卫生巾救救我"等表情包。

用幽默化解紧张, 妈妈在读懂"女儿来月经了"的信息之后, 可能回你一个暖暖的"拥抱"表情包。　**优点**

灵妈的知心话

宝贝们，灵妈想告诉你们，其实第一次来月经真的没必要觉得尴尬或难为情。

灵妈第一次来月经时，也是先偷偷用卫生纸应急，然后忐忑不安地跑去找妈妈。结果，妈妈非常淡定，还开玩笑说："恭喜你长大啦！"

其实，爸爸妈妈比你想象中更理解你的心情。他们是最爱你的人，知道你的情况后，第一反应一定是高兴和心疼，而不是尴尬或者手足无措。特别是妈妈，她会告诉你她的应对经验，并带你去挑选合适的卫生巾，还可能偷偷给你准备好"月经应急包"，比你想得更周到！

月经是自然的生理现象，爸爸妈妈不会觉得着耻，反而会为你骄傲！

如果实在说不出口，你可以给妈妈发条消息或留张字条，她一定会温柔回应。

爸爸虽然表面上淡定，但心里想的可能是："我闺女长大了，我得好好保护她！"

所以，第一次来月经时，你完全可以深呼吸，挺直腰，大声说："爸爸妈妈，我来月经啦！"

你可是勇敢又闪闪发光的大女孩呀！

月经一点儿也不规律是怎么回事？

吐 槽 大 会

大家有没有发现，月经这东西完全不像传说中那样每月准时"打卡"？

你以为它很规律，实际上它总是玩"躲猫猫"。

上个月 25 号来，这个月直接玩失踪，根本算不准它的行程！

说好的一周结束，结果拖拖拉拉待了 10 天才走，是舍不得离开吗？！

上一秒血量大到像打开了水龙头，下一秒又变成滴答滴答……嗯……真是随心所欲啊！

最崩溃的是，体育考试前一天它突然造访，打乱了所有计划！

月经啊月经，你到底能不能靠谱一点儿？！

支招时间到

别急！青春期月经不规律其实是身体在适应新变化。

而且这种不规律是有原因的。来，咱们一起解开它的"任性密码"。

为什么月经会不规律？

青春期的身体处于适应模式

青春期的身体就像一台刚装好的电脑，正在调试各个程序的运行节奏。大脑和卵巢还在"磨合"阶段，所以月经周期、月经量可能不太稳定。大多数女孩都会在初潮后的两三年里出现月经不规律的情况，这是非常正常的！一般两三年后，月经就会慢慢变规律啦！

生活习惯会影响月经的规律性

熬夜、不规律的饮食习惯都会影响体内激素的分泌，月经会因此变得更加调皮。

每个人的适应情况都不一样

有些女孩的身体适应得比较快，有些则需要更多时间。这种差异是正常的，不需要和别人比较。只要身体健康，月经迟到或早到几天都不是大问题。

月经不规律该怎么办?

★ **记录月经周期,了解自己的身体**

用日历或手机 App 记录每次月经开始和结束的时间,以及月经量多的日子。即使月经周期不规律,这些数据也能帮你找到一些小规律,必要时还可以就这些数据和医生沟通。

★ **规律作息,让身体更健康**

每天睡够 8 小时,按时吃饭,少吃垃圾食品,多吃水果、蔬菜和高蛋白食物,比如鸡蛋和鱼肉等。这些习惯能让身体更健康,也有助于月经保持稳定。

★ **放轻松,不要太焦虑**

青春期月经不规律在大多数情况下是正常的。如果你发现几个月没来月经,或者月经量大到让人不适,可以和妈妈聊聊,让她带你去医院做个检查。大多数时候,你只需耐心等待身体找到自己的节奏就好。

灵妈的知心话

宝贝们，灵妈小时候也被不规律的月经折腾过。有一次，它"失约"了快 4 个月，吓得我以为自己生病了。长大后，我才知道青春期月经不规律一般不需要担心。就像小朋友刚学走路时跌跌撞撞，但随着身体的发育，他就会找到自己的平衡。只要我们保持健康的生活习惯，耐心等待，月经自然会越来越听话。

如果你觉得自己的月经太不规律了，几个月都不来，或者来了但月经量特别大，肚子还疼得厉害，那一定要告诉妈妈。妈妈会带你去看医生，医生会给你做检查，看看是否需要治疗。月经不规律只是成长路上的小烦恼，不会影响你的美好未来。所以，别被它困扰，耐心等待身体找到自己的节奏。

卫生巾，是伟大发明还是超大麻烦？

吐槽大会

姐妹们，你们有没有觉得卫生巾很难伺候？

说好的防侧漏，结果半夜翻身直接"血染"床单！

体育课上换卫生巾，明明是为了保护我的校服裤，可是却像执行秘密任务，生怕被人发现口袋里的"白色宝藏"！

用卫生巾本来是为了干净，可总感觉屁股下垫了一片"热带雨林"，闷到怀疑人生！

第一次贴卫生巾时，我更是手忙脚乱：

"这层塑料膜到底从哪边撕开？胶面朝上还是朝下？"

"贴歪了怎么办？走路时，它会不会直接滑到膝盖？"

最尴尬的是，用完的卫生巾扔进垃圾桶后总担心被人看见，恨不得给它套件"隐形斗篷"！

支招时间到

　　从古埃及的莎草纸到现代的高科技棉柔材质，卫生巾的发展见证了人类对健康的追求。姐妹们，卫生巾不是"羞耻布"，而是女生的"守护神"。它的作用是吸收经血，让身体保持清洁。用卫生巾是文明的象征，无须遮掩。只要学会正确使用它，就能和它和平共处。

选择卫生巾就像选兵器

根据月经量

量多	量少
加长款、防侧漏立体护围款	迷你卫生巾或护垫

根据材质

敏感肌	怕闷怕热
纯棉表层款或纯棉表层的超薄款	透气网面款

根据时间

白天	量少时的晚上	量大时的晚上
日用（17~24cm）	夜用（28~42cm）	安心裤（像小内裤一样全包裹）

贴卫生巾的"正确姿势"

洗手

换卫生巾前先洗手，否则细菌可能会搭"顺风车"进入你的身体。

撕包装

轻轻撕开卫生巾背胶上的纸，记得从一端开始撕哟，别从中间开始撕，也别暴力拉扯，否则胶面会粘在一起。

贴内裤

胶面朝下，对准内裤裆部中央。前后翼对齐内裤边缘，轻轻按压粘牢。穿好内裤后拉一拉，检查卫生巾是否贴合，避免侧翼外翻。

更换频率

量多时 每小时检查一次，别等"血漫金山"才行动。

量少时 最长不超过 4 小时，否则细菌会开"派对"。

夜间睡觉时 晚上无法及时更换，可采用安心裤或超长款夜用卫生巾，并尽量保持平躺睡姿，减少侧漏风险。

用完后如何优雅地丢弃？

卷起来

把卫生巾从前往后卷起来，用粘胶封口。

包好

用卫生巾原包装纸或纸巾裹住，避免血迹外露，否则可是不太好闻的哟！

扔掉

❌ **错误做法**：把卫生巾丢进马桶。（会堵住下水道）

✅ **正确做法**：把卫生巾丢进垃圾桶。

❗ **紧急情况**：如果不巧碰到了没有垃圾桶的卫生间，可以把卫生巾用卫生纸或者密封袋包好带走，找到有垃圾桶的地方扔掉。

存放小秘诀

未开封的卫生巾要放在阴凉干燥处，别放在浴室里，会受潮。

应急小贴士

随身带 1~2 片卫生巾，以备不时之需。万一自己的"大姨妈"突然光临，或者遇到需要"卫生巾救援"的女孩子，就不会束手无策啦！

你可以用便携小包装把卫生巾放在随身的包包里，这样可以保证卫生巾干净卫生。也可以选择独立包装的卫生巾。

灵妈的知心话

宝贝们，卫生巾既是一项伟大的发明，也是个小麻烦。灵妈小时候用卫生巾时总是手忙脚乱，不是撕错方向，就是贴歪了，走路时还担心它会"跑偏"……

后来我慢慢发现，这些看似麻烦的细节，其实都在悄悄教会我成长。每次把卫生巾用对了、丢好了，都是一次照顾自己的小胜利。它让我意识到，自己正在成为一个独立、细心的大女孩。

或许你觉得这些麻烦是成长路上的小障碍，但其实它们更像成长路上的"导师"。学会如何正确使用卫生巾，如何优雅地处理它，不仅是生活技能，更是爱自己的表现。

最后，灵妈想对成长路上的你们说："青春期会有很多小麻烦，而每一次解决小麻烦，你就朝着成熟迈了一步。就是在这些小小的胜利中，你慢慢长成了大女孩！"

所以，下次打开卫生巾的包装时，你不妨对它说："谢谢你守护我成长！"

月经跑出来了
怎么办？

吐槽大会

姐妹们，谁说月经是贴心的小伙伴？它有时候简直就是调皮的"小卧底"！尤其是侧漏的时候，绝对是"社死天花板"！

体育课上跑步时，突然感觉屁股凉飕飕的……一摸，完了！裤子上肯定有一片红色"地图"！

穿上白裙子准备去春游，对着镜子一照，裙子后面居然被血弄脏了！

一夜睡得香甜，早上起床后发现床单变成了"抽象画"！

上课起身发言时，同桌突然戳戳你："你的椅子上好像有……那个……"

公交车上让座时，发现在座位上留下了"神秘印记"，尴尬得让人想瞬间蒸发！

月经啊，你到底是来陪伴我的，还是来搞事情的？！

支招时间到

姐妹们，别慌！侧漏其实是月经的"常规操作"，几乎每个女孩都经历过。这不是你的失误，更不是你的错，只是一个小小的意外。虽然这让人有些尴尬，但只要掌握几个侧漏补救特技，你就能轻松解决这些小麻烦，变得更加从容、自信，甚至能把"危机"变成一件趣事！

紧急救援：不同场景的补救秘籍

学校篇

立刻用外套或书包挡在腰间，然后直奔卫生间，用纸巾擦掉内裤上的血迹，贴一片新的卫生巾（或向老师、校医求助）。

如果校服裤子上沾了血，可以借一件长袖衬衫系在腰间，秒变时髦腰带。

逛街篇

冲进服装店，买条深色裤子换上（黑裤子当然是首选）。

去便利店买包湿纸巾，到卫生间轻轻擦拭污渍（别搓，会扩大"战场"）。

紧急联络闺密："速送外套和卫生巾到3楼女卫生间，江湖救急！"

睡觉篇

如果床单"沦陷"，立刻用冷水冲洗血迹（热水会加速血液的凝固），还可以用专门洗经期衣物的洗衣液清洗。把洗衣液稀释，把床单脏污位置多泡一会儿，搓一搓，再塞进洗衣机。

预防侧漏：让月经"无处可逃"

★ **选对装备**

量多时用带有立体护围的加长夜用款，防漏指数 ★★★★★。

睡觉时直接穿安心裤，360°无死角防护。

运动时用卫生棉条和护垫，双重保险（卫生棉条适合有经验的姐妹）。

床上铺深色毛巾或一次性护理垫，弄脏了就直接卷起来扔掉。

★ **贴卫生巾的黄金法则**

后翼对准屁股缝，前翼贴到内裤裆部布料的最前端。

穿紧身裤时选超薄卫生巾，避免卫生巾被挤变形。

★ **定时检查**

课间、饭后、运动后都去卫生间调整一下卫生巾的位置。

量大的日子，1~2小时换一次，别等"洪水决堤"！

心理建设：尴尬？不存在！

★ **万能话术**

发生侧漏时如果有人盯着你的裤子看，你就直接说："哦，我的月经又调皮了。"

被同学发现书包里有卫生巾，你可以大方回应："我来月经了，超酷吧？"

随身携带侧漏急救包

把迷你湿巾、备用内裤、黑色紧身裤和卫生巾塞进小包，走到哪儿带到哪儿！

灵妈的知心话

宝贝们，灵妈上初中时经历过一次"史诗级侧漏"——在升旗仪式上，我的白色校服裤子被染红了一片。当时，我恨不得钻进地缝，但班主任悄悄递给我一件运动服，轻声说："没事，我年轻时也经历过。"那一刻，我突然明白：侧漏不是我的错，而是成长路上微不足道的小事。

灵妈想告诉你，侧漏真的没什么大不了，就像小时候走路摔跤一样，只要冷静应对，所有的尴尬都会变成未来的笑谈。你要知道：

侧漏不是你的错，大多数女生都经历过，你不是一个人面对这种尴尬时刻。

冷静比慌张更重要，只要冷静地想办法处理，一切都能迎刃而解。

嘲笑你的人才可笑。如果有人嘲笑你，那是因为他们无知。成长中的你早已是勇敢面对月经的超级女生！

下次遇到侧漏，你可以试着对自己笑一笑，甚至幽默地说："我的月经今天活泼过头了！"你会发现，这样的态度不仅让你放松自如，也会让别人对你刮目相看。连侧漏这样的尴尬场面都能淡定面对的女孩，还有什么难题是她搞不定的呢？

痛经到底
饶过谁?

吐槽大会

姐妹们，你们有没有觉得月经是个磨人精？一到关键时刻，它就无情上线，还会痛经，搞得人一点儿脾气都没有！

刚上课10分钟，肚子里就开始"翻江倒海"，感觉自己要散架了！

同桌在认真听讲，而我只能趴在桌上，靠暖宝宝"续命"，像一颗瘫软的白菜。

运动会上，跑步比赛时，大家都在拼速度，而我在"拼命"，捂着肚子跑完最后一圈，简直想给自己颁一个"勇气奖"。

唉，痛经真的很会挑时间，总在我需要精力的时候"搞事情"。

月经啊，你能不能对我好一点儿？到底什么时候才能饶过我？

痛经难道是一辈子的噩梦吗？！

支招时间到

姐妹们，别被痛经吓到啦！虽然痛经时很难受，但这更像身体的"工作通告"，是在告诉你：

子宫正在加班加点地"清仓出货"，把月经排出体外。

是不是觉得它努力又尽责？

不过，有时候它的工作方式稍微粗暴了一点儿，所以才让人感觉难受。

痛经的"幕后黑手"是谁？

★ **前列腺素：子宫收缩的"指挥官"**

这个"幕后黑手"的名字听起来有点儿陌生，但它的作用我们熟悉得很。前列腺素会发号施令，让子宫努力收缩，把经血排出去。如果前列腺素太过"拼命"，让子宫用力过猛，就会导致肚子痛，甚至腰酸、头晕、恶心。

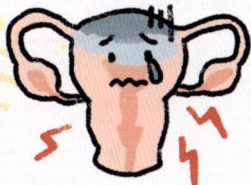

★ **子宫内膜脱落：像秋天的落叶一样**

月经期间，子宫内膜会像树叶一样自然脱落，这些"落叶"被清理的时候，有时会触碰到神经末梢，引起疼痛。

★ **身体敏感度：每个人的痛感"雷达"不一样**

有些人对疼痛特别敏感，就像神经自带了高灵敏度的"报警系统"，一点儿刺激都能触发警报。这就是为什么有些人觉得痛经像小猫挠，有些人则感觉自己像中了一箭。

疼痛来袭，怎么快速止痛？

★ **贴片暖宝宝，用温暖治愈疼痛**

痛经最怕温暖，赶紧在衣服的小腹位置贴一片暖宝宝，让肚子像泡在热乎乎的温泉里，子宫也会"感激不尽"。

没有暖宝宝？用热水袋、热毛巾都可以。

灵妈小贴士

注意不要直接把暖宝宝贴在皮肤上，会烫伤皮肤的！

★ **小腹揉一揉，疼痛快点儿走**

用手掌按顺时针方向轻柔地按摩小腹，记得别太用力。疼痛就像一头"迷路的小怪兽"，你揉一揉小腹，它才能找到出口。

★ **喝杯暖饮，让身体放松下来**

热牛奶、红糖水、生姜茶……这些暖饮都是痛经救星，不仅能让你的身体舒服一点儿，还能赶跑月经引起的坏情绪。

平时多养护身体，痛经也会少来打扰

★ **动起来：运动是最好的"预防针"**

你知道痛经怕什么吗？怕运动！平时试试瑜伽、慢跑或者拉伸运动，不仅能让你更有活力，还能帮子宫"减减压"，下次来月经疼痛就会减轻一些。

★ **饮食是法宝：吃对了，疼痛远离你**

多吃菠菜、深海鱼、坚果等营养丰富的食物，给身体补充能量。月经来的时候，它们会帮助你对抗疼痛。

★ **睡眠超重要：早睡是对抗痛经的利器**

熬夜只会让痛经更猖狂，所以放下手机，早早钻进被窝，给身体足够的休息时间，疼痛会减轻很多。

痛经会伴随我们一辈子吗？

不会，痛经不会一直"死缠烂打"。随着年龄增长，身体发育成熟，月经通常会变得更规律，痛经也会慢慢"改邪归正"，甚至悄悄消失无踪。

但少数情况下，痛经是其他原因引起的，比如子宫内膜异位症等。这种类型的痛经被称为继发性痛经。如果你发现疼痛越来越严重，甚至影响了正常生活，记得及时告诉家长，或者去看医生，早诊断早治疗，疼痛才不会长期困扰你。

灵妈的知心话

宝贝，痛经并没有那么可怕！它就像一个小闹钟，在用自己的方式提醒你："嘿，注意啦，你的身体需要休息，需要得到悉心照顾！"虽然这种提醒方式让人有点儿抓狂，但它能教会你倾听身体的声音，学会与身体和平相处。

痛经并不意味着你弱小，相反，每一个勇敢面对痛经的女孩都是小战士！你知道吗？那些你痛得想哭的时刻，其实也让你变得更坚韧。

所以，下次痛经时，你不妨对自己说："没事，我可以搞定它！"给自己泡一杯热茶、贴个暖宝宝、听听音乐或者看看喜欢的书，疼痛就像一阵调皮的小风，吹一会儿就溜走了。而你，会发现自己比想象中更强大、更了不起！

青春期可以用
卫生棉条吗？

吐槽大会

姐妹们，你们听说过卫生棉条吗？

有人说它是"月经神器"，能让你在经期照样跑步、游泳、翻跟头！

有人则说，把这玩意儿往身体里放，听着就觉得不舒服，还是卫生巾好用！

还有人说卫生棉条会不会伤害身体？青春期用这个不太好吧？

这些话简直让人心里狂敲小鼓。

结果就是，卫生棉条成了一个既让人向往又让人纠结的"月经新装备"。

那到底要不要试一试？它到底是月经的救星，还是徒有虚名？

支招时间到

在做了一系列调查后，我终于知道了卫生棉条的真面目。

卫生棉条就是一种放在体内吸收经血的月经用品。跟卫生巾最大的区别是，使用时它藏在身体里，没有外露的烦恼，也不会有湿乎乎的触感。只要掌握正确的使用方法，少女们也能尝试卫生棉条。第一次用可能会有点儿紧张，没关系，慢慢来，你会发现它真的不是徒有虚名。如果你内心对它有些抵触，也完全不用强求，你可以选择其他适合自己的月经用品。

用卫生棉条有哪些好处？

让月经隐形

只要将卫生棉条放在正确的位置，你甚至会怀疑月经"人间蒸发"了。坐立行走一点儿不受影响，跟没来月经似的，可以让你随心所欲。

让你运动自如

夏天最怕卫生巾一泡变成"海绵宝宝"，那画面简直不敢细想。使用卫生棉条就不存在这种问题，想游泳就游泳，想跑步就跑步，别提多爽了！

减少异味，拒当尴尬 girl

由于卫生棉条在体内直接吸收经血，不怎么和空气接触，异味自然就少了许多。就算穿再清爽的衣服，也不用担心会有让人尴尬的味道。

穿搭自由度拉满

想穿浅色裤子？想穿白色裙子？想穿紧身裤？都可以！卫生棉条给你底气，让你在经期也能 slay 全场 *。

使用卫生棉条时需要注意什么？

★ **使用方法必须正确**

放进体内时要找准角度，如果位置太浅，会有异物感。

记得勤更换，4 ~ 6 小时要换一次，最长不能超过 8 小时。千万别觉得"好像还没吸满，过一会儿再换"，这样容易导致不适或增加感染的风险。

★ **睡觉时尽量别用**

晚上睡觉时间久，容易忘记换卫生棉条，一旦超过 8 小时，就容易招来麻烦。所以，夜里还是用卫生巾或者安心裤更省心。

---

*slay 全场：形容某人实力超群、充满魅力，一出手就能掌控全局，解决所有问题。

★ **初次尝试，别太贪心**

建议从小号或带导管的卫生棉条用起。

第一次使用时不熟练很正常，不要着急，放松身体才能事半功倍。

如果觉得不舒服，千万别硬撑，毕竟身体健康与舒适才是最重要的。

★ **关注个人感受**

如果使用卫生棉条后出现明显不适、过敏或其他不良反应，要及时停用并咨询专业人士。身体健康最重要，别拿健康开玩笑！

灵妈的知心话

你们是不是在想:"卫生棉条这么好用,那以后是不是再也不需要卫生巾啦?"其实不一定。卫生棉条和卫生巾各有各的"主场"。

如果你喜欢运动或者想保持清爽,卫生棉条可能更适合你,毕竟它隐形、不会闷。

如果你对身体内部放东西还没做好心理建设,或者晚上睡觉时间比较久,那用卫生巾可能更省心一些。

你也可以白天用卫生棉条,晚上用卫生巾,各取所长。

总之,没有哪种月经用品是完美的,主要看你自己的需求。就像有人喜欢甜食,有人偏爱咸味食品一样,你的需求才是评判的标准。如果你用了好几次卫生棉条都觉得不舒服,或者心理上难以接受,完全没必要为难自己。毕竟,所有月经用品都是为了让我们在经期过得更舒适,绝不是给自己添堵的。身体健康,生活自在,才是我们的快乐源泉!

月经期间，
怎么会有这么
多"不可以"？

吐 槽 大 会

　　姐妹们，你们是不是也常常感慨："为什么一来月经，爸爸妈妈就不停地在耳边念'紧箍咒'？"

　　"不可以吃冷的！"

　　"少出门！"

　　"经期不可以下水，要是生病了怎么办？"

　　"哎哟，你现在不能跑吧？会不会'血崩'啊？"

　　"经期洗头？小心老了头疼！"

　　…………

　　各种"不可以"瞬间降临，好像"月经大人"一到，我们就只能乖乖裹着厚被子躺在床上思考人生。

　　明明只是来月经，却仿佛世界末日来了，连最基本的行动自由都没了。

　　到底是谁把"月经大人"说得这么可怕？

　　我们又该如何破解"紧箍咒"呢？

支招时间到

其实，月经期间的很多禁忌并非科学定论，而是源于传统观念或个人感受。只要正确认识它们并灵活应对，你就可以在经期尽情享受运动、美食和社交。

不能　　　　　　　　　　　　　**不准**

关于"月经期间不能 ×××"的传言

不能游泳？

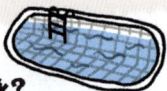

如果身体状态良好，又注意保持卫生（比如用卫生棉条），经期也能下水游泳。

若肚子疼得不行，那就好好休息，等不疼了再动也不迟。

不能喝冷饮？

没有科学依据表明喝冷饮会导致痛经。如果你平时喝凉的没问题，那经期喝冷饮也无大碍。

敏感体质的姐妹可适当少喝，别喝到肚子疼就行。

不能剧烈运动？

适度运动对缓解痛经和促进血液循环有好处。

痛经严重时可降低运动强度，身体状态良好时想上强度也行，但要注意补水和休息。

这些传言从何而来？

传统观念 过去物资匮乏，卫生条件有限，人们担心经期受凉或感染，于是出现了不少"月经期间不能×××"的说法。

体质差异 有些人确实一碰冷水就痛经或腹泻，家人便会好心提醒她们别碰，但身体健康的姐妹无须过度自我设限。

对月经的误解 不少人将经期神秘化，以为女生在月经期间要处处讲究、处处小心。实际上，月经是正常的生理现象，不必大惊小怪。

生理期能不能上体育课？

如果只是轻微疼痛，月经量不大，可以正常上体育课，进行慢跑、拉伸、投篮等中低强度的运动都没问题。

如果痛得厉害，月经量大，那就果断请假，不必硬撑，健康更重要。

怎么向男老师请假？

很多姐妹提到，一和男老师说月经的事就"社死"。其实，你完全没必要如此紧张，绝大多数男老师对这种事早已见怪不怪，你可能是这学期第 N 个跟他开口的女生了。只要礼貌地说明自己今天身体不太舒服，痛经比较严重，需要请假休息，大多数老师都会点头同意，毕竟身体健康最重要。

灵妈的知心话

　　宝贝们，月经并不会让你们变得脆弱。

　　如果感觉状态不错，就适度运动或外出玩耍；如果痛得厉害，头晕乏力，就不要硬撑，及时休息。多喝水，少熬夜，适量补充营养，身体元气会更足。如果你对冷饮敏感，就少喝一点儿，别猛灌冰水。最了解你身体的，永远是你自己。不舒服的时候，千万别自己硬扛，主动跟家长、老师说明情况，他们会理解和体谅你的。身体是第一位的，不用怕麻烦别人。

　　总之，月经只是一种生理现象，小心并不等于被禁锢。学会倾听身体的声音，让自己在经期过得舒心、自在，这才是我们追求的真正的自由。

因为月经被男生嘲笑怎么办？

吐槽大会

姐妹们，你们有没有经历过那种"社死场面"？

比如，你从书包里掏出课本时，不小心带出一片卫生巾，旁边的男生立刻怪叫："啊！你带尿不湿上学啊？"

再如，体育课上你请假说"肚子疼"，后排男生挤眉弄眼："是不是来那个了？哈哈哈！"

更气人的是，有些男生故意模仿卫生巾广告词，在教室里大声喊："超薄无感，防侧漏！"

明明月经只是正常的生理现象，却成了他们眼里的搞笑素材。

你想反驳却不知道说什么，只能红着脸假装没听见；想告诉老师，又怕被说小题大做。

你甚至开始怀疑自己："来月经真的很丢人吗？"

最痛苦的是，明明心里委屈得要命，还要装出一副无所谓的样子。

凭什么我们女生要为身体的自然变化感到羞耻啊？

支招时间到

别忍！嘲笑不是玩笑，而是越界！

月经是健康成长的标志，我们不用感到羞耻。有的男生根本不了解月经的意义，以为这是女生才有的弱点。他们盲目模仿网络上的烂梗，仅仅是因为他们觉得这样很幽默。碰到这样幼稚的人，咱们完全可以霸气而不失礼貌地怼回去！

反击嘲笑的万能话术

情景 1：有人当众拿卫生巾开玩笑。

◎反击话术

"这是卫生巾，和纸巾一样是生活用品。你这么关注它，是想帮全班女生采购吗？"（直视对方）

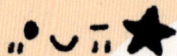

情景 2: 有人拿女生经期肚子疼起哄。

◎反击话术

"你的生物没学好吗? 月经是成长的表现, 建议你复习一下生物课本第 ×× 页。"(甩出知识点)

情景 3: 有人模仿广告词或借机嘲笑。

◎反击话术

"拿生理现象开玩笑, 只会显得你很无知。"(说完转身离开, 留他原地尴尬)

◎进阶技巧

用科学知识"降维打击":"月经是子宫内膜的周期性脱落, 说明女生有生育能力——这是生物考点, 你要记牢哟!"

预防被嘲笑的方法

月经用品"隐形术"

用不透明的化妆包或文具袋装卫生巾，避免外包装太显眼。

拉拢"友军"，找对"帮手"

提前和闺密、同桌沟通："如果听到有人乱说话，帮我翻个白眼就行！"

如果班里有三观正的男生，可以私下对他说："女生来月经很辛苦，你别跟着瞎起哄。"

记录下被嘲笑的时间、内容以及目击同学，然后告诉班主任："××同学多次用月经羞辱我，这属于性别歧视，希望您严肃处理。"

做好自我心理建设

每天对着镜子说："我的身体很健康，嘲笑我的人很无知！"

哈哈哈哈

灵妈的知心话

宝贝们，月经是独属于女生的超能力——它代表你的身体在健康成长，未来可以孕育生命（如果你愿意的话）。那些嘲笑你的男生可能不仅素质不佳，还缺少知识呢！

该尴尬的不是你，而是嘲笑你的人：他们用低级玩笑掩饰自己的无知，就像小丑拼命表演却没人为他鼓掌。

下次遇到这种事，你不用勉强自己大度，该怼就怼，该告状就告状。但要注意，回应的时候一定要保持冷静，避免情绪激动。若对方持续嘲笑，你可以寻求老师或者家长的帮助。真正的强者用知识武装自己，而非以暴制暴。

最后，灵妈送你一段"魔法咒语"：

我来月经我骄傲！

身体健康没烦恼！

谁要拿它开玩笑，

科学反击超级妙！

当你敢于直视对方的眼睛，用知识和自信武装自己，那些嘲笑声就会像阳光下的泡沫，啪的一声消失得无影无踪。

月经期间的心情为什么像坐过山车？

吐槽大会

姐妹们，你们有没有觉得月经期间的心情比天气还难预测？

上一秒还因为闺密分享的搞笑视频笑到拍桌，下一秒就盯着窗外的落叶开始默默流泪。

明明妈妈只是问了一句"作业写完了吗"，自己就恼了："烦死了！能不能别管我！"

半夜刷到一只流浪猫的视频，眼泪直接决堤："呜呜呜，它好可怜……为什么世界这么不公平！"

最抓狂的是，自己都搞不懂情绪为什么会失控：

"我是不是病了？为什么突然变得这么敏感？"

"明明知道不该发脾气，但就是控制不住想摔门！"

"难道月经一来，我就成了'易燃易爆品'？"

更让人无奈的是，班里的个别男生还总爱火上浇油：

"你又怎么了？来'大姨妈'了不起啊？"

"女生就是麻烦，动不动就生气！"

救命！我也不想这样啊！谁来告诉我，这"情绪过山车"到底什么时候到站？！

支招时间到

别慌别慌！情绪波动不是"发神经"，而是身体发出的信号。

月经期间心情起伏，其实是激素、生理变化和心理压力共同导演的"大戏"。

你不是矫情，也不是脆弱，只是需要更了解自己的身体。

为什么心情会"一秒变天"？

激素的"过山车"模式

排卵期后，雌激素和孕激素像坐过山车一样急速下降，直接影响大脑中管理情绪的血清素的水平。

这就会导致情绪调节能力变弱，看到什么都想哭，听到什么都想怼！

身体的"抗议"

痛经、腹胀、疲劳……这些不适感会悄悄消耗你的耐心。

研究表明，疼痛会让人的焦虑感直接翻倍。

心理压力的积累

担心侧漏、害怕被嘲笑、纠结要不要请假……这些事情就像一块块石头压在心上，最后砰的一声引爆情绪。

稳住情绪的"急救包"

灵妈小贴士

巧克力虽然好吃，但要少吃一些，别让甜食增加身体负担哟！

★ **吃对食物**

镁元素能缓解焦虑，菠菜、香蕉、黑巧克力赶紧囤起来！

维生素 B_6 可以提高血清素水平，三文鱼、鸡胸肉、核桃吃起来！

避开"情绪炸弹"，咖啡因、高糖零食会让烦躁值飙升！

★ **好好睡一觉**

睡前 1 小时放下手机，点一盏味道温和的香薰灯，让褪黑素带你进入情绪的深度修复模式。

★ **动一动，甩掉坏心情**

选择节奏轻快的音乐，边散步边跟着哼唱，释放压力。

★ **设置"免打扰模式"**

告诉家人："这几天我的情绪容易波动，如果我说话冲，请提醒我喝口水冷静一下。"

对朋友说："最近我需要安静，咱们改天再约火锅吐槽大会！"

对挑衅者翻个白眼："姐这几天进入'生人勿近'模式，劝你别惹我！"

如果情绪爆发了怎么办？

冲进卫生间用冷水拍拍脸，盯着镜子里的自己说："冷静！你是优雅的美少女战士！"

如果误伤了朋友，可以给对方发个可爱的表情包，并道歉："我刚才被'激素怪兽'附体了，原谅我吧！"

给自己写道歉信："亲爱的××，你不是故意发脾气的，下次你可以做得更好。"

灵妈的知心话

宝贝们，不要慌，谁没有做过"月经期的暴龙"呢！灵妈想抱住正在经历情绪风暴的你们，轻轻说："想哭就哭吧，流泪是心灵在排毒。"

激素波动时流泪不丢人。科学研究发现，情感泪液中含有应激激素，哭出来反而会轻松一些。真正爱你的人会理解你的情绪波动。这个阶段的敏感，其实赋予了你超能力。因为敏感，你能察觉别人的不安；因为共情，你能给予他人更多温暖。等"情绪过山车"到站，这些特质会让你闪闪发光。

最后，灵妈送你一个"情绪急救锦囊"：下次情绪失控时，试着对窗外大喊：

"'激素怪兽'，我知道是你在捣乱！但我做好了充足的准备，才不怕你呢！"

月经期的你并不脆弱，只是正在经历一场光荣的"身体革命"。当你学会应对情绪波动，就会发现每一次"情绪过山车"到站后，你都会变得更坚韧！

我的专属月经日历

在左边记下月经开始日期，用红色笔记下每天的月经量，在右边记下月经结束日期。

举例 从 <u>5月1日</u> ◊◊◊◊◊◊◊ 至 <u>5月6日</u>

一起记录吧!

从 _____ ◊◊◊◊◊◊◊◊ 至 _____

从 _____ ◊◊◊◊◊◊◊◊ 至 _____

从 _____ ◊◊◊◊◊◊◊◊ 至 _____

从 _____ ○○○○○○○ 至 _____

从 _____ ○○○○○○○ 至 _____

从 _____ ○○○○○○○ 至 _____

从 _____ ○○○○○○○ 至 _____

从 _____ ○○○○○○○ 至 _____

从 _____ ○○○○○○○ 至 _____

从 _____ ○○○○○○○ 至 _____

从 _____ ○○○○○○○ 至 _____

从 _____ ○○○○○○○ 至 _____

第三章

性，教育，

是一件
人生大事！

性教育，是一件
人生大事！

吐槽大会

姐妹们，不知道你们是否和我一样，一听到"性"这个字，脑子里就疯狂蹦出弹幕：

"啊，这不是生物课上讲的生殖系统吗？"

"我妈说这是大人的事，小孩别问！"

"网上有人说这是很羞耻的事情，但又有人说这是表达爱的方式。"

救命，我快被搞糊涂了！

更离谱的是，每次跟身边的朋友提起这个话题，大家要么脸红不说话，要么直接转移话题："哎呀，你作业写完了吗？"

可是，连生物老师都讲过，动物交配是为了繁衍后代，那人类呢？

电视剧里的男女主角一接吻就配上浪漫的音乐，这和性有什么关系吗？

唉，青春期的问题怎么比数学题还难解！

别慌！今天咱们就来给"性"好好"卸个妆"，看看它到底有多少种模样！

性到底是什么？

★ **性，是生命的起点，也是基因的接力**

你知道吗？地球上所有生物与性有关的行为，最初都是为了传递基因，让生命延续下去。

对人类来说，性不仅关乎繁衍，还关乎更重要的东西——情感。

牵手、拥抱、亲吻，甚至一个温暖的眼神，都是性的温柔表达。性不仅是身体的接触，更是心灵的连接。

★ **性并不羞耻，它是自然而然的事情**

对于性，很多人觉得难以启齿，甚至觉得它肮脏，但其实它和吃饭、呼吸一样自然。

就像植物生长需要阳光和雨水，人类成长也离不开爱和亲密关系。

记住，健康的性观念是尊重自己，也是尊重他人。

★ **性教育并不是教你怎么生孩子**

真正的性教育包括：

了解自己的身体和感受；学会保护自己的隐私；学会分辨什么是健康的爱，什么是不健康的关系；拥有拒绝发生性行为的勇气。

所以，如果下次有人对你说"小孩子别问这些"，你可以理直气壮地回应："我在学习如何爱自己！"

灵妈的知心话

宝贝们，悄悄告诉你们，灵妈小时候简直对性一无所知，因为我妈妈管得非常严，连电视上的接吻场景都不让我看。那时候，大人总是把性当作洪水猛兽，导致我以为这个字提都不能提。

后来我才明白，性教育不是教人变坏，而是教人变聪明——

聪明地保护自己，聪明地理解爱，聪明地成长为自信的大人。

如果你对性感到好奇，千万别憋在心里，可以悄悄问妈妈、老师或者像灵妈这样的阿姨。记住，知识是你的铠甲，能够保护你，让你在成长的路上更勇敢！

别碰，这是我的
底线！

吐槽大会

姐妹们，你们有没有遇到过那种让人脚趾抠地的尴尬时刻？

比如，过年时某位亲戚突然捏捏你的脸，说："哎哟，长成大姑娘了！"手还顺势往下滑，吓得你浑身僵硬。

再如，体育课上换衣服，有同学故意开玩笑想拽你的衣领，你手忙脚乱地躲开，对方却笑嘻嘻地说："这么紧张干吗？"

更可怕的是，网上还有陌生人发来奇怪的消息："小妹妹，发张照片看看？"

明明你心里觉得不舒服，可嘴却像被胶水粘住了一样，开不了口。

"如果拒绝的话，会不会显得我太敏感？"

"万一对方只是开玩笑呢？"

"如果说'不要这样'，他们会不会觉得我小题大做？"

最气人的是，连电视剧里都演得模棱两可——女主角被男生强行搂腰，弹幕居然刷"好甜"！

甜什么甜啊？这明明就是越界！

支招时间到

别怀疑自己！自己的身体自己做主，底线必须划清楚！

保护隐私部位不是矫情，而是每个人与生俱来的权利。如何科学地守护自己的"身体防线"，是一个非常非常重要的课题。

隐私部位画重点

★ **哪些地方是隐私部位？**

女生专属：胸部、臀部、大腿内侧以及穿泳衣时会遮住的其他部位。

通用禁区：嘴巴、脖子、腰等部位。

注意

即使是医生检查你的身体，也必须经过你或家长的同意，并且要有第三人在场。

家人或朋友开玩笑式地拍打、揉捏你的隐私部位，也属于越界行为。

拒绝越界行为的万能话术

情景 1: 亲戚动手动脚。

◎反击话术

"谢谢关心，但我不喜欢别人碰我这里！"（微笑但眼神坚定）

情景 2: 同学乱开玩笑。

◎反击话术

"这是我的隐私部位，请你尊重我！"（冷脸，并后退一步）

情景 3: 陌生人骚扰。

◎反击话术

"你再碰我，我就报警了！"（大声说，引起周围人的注意）

记住 拒绝越界行为时不用说明理由，你的感受就是最大的理由！

如果对方继续纠缠，你要立刻离开现场并告诉你信任的成年人。

不同场景的防越界指南

学校里

避免在公共场所换衣服，最好去卫生间换。

如果有人故意掀你的裙子或拉你的内衣肩带，直接告诉老师。这种行为不是开玩笑，而是骚扰！

家里

即使是爸爸或哥哥、弟弟，也不能随意触碰你的隐私部位。

如果长辈以"帮你洗澡"的名义做出越界行为，你要坚决拒绝并告诉妈妈。

网络上

不要将自己隐私部位的照片发给任何人。

遇到索要照片的陌生人，截图保留证据并拉黑举报。

面对他人越界的紧急应对措施

★ **第一步：离开现场，确保安全**

如果对方试图强行骚扰，你可以用书包、水杯等物品隔开距离，然后立刻跑向人多的地方。

★ **第二步：保留证据，勇敢说出来**

如果是在网络上遭到骚扰，一定要保存聊天记录和相关截图。

如果是在现实中被骚扰，要立刻告诉家长、老师或报警。

★ **第三步：心理疏导，拒绝自我怀疑**

被骚扰不是你的错！

你可以向心理咨询师或信任的长辈倾诉，一定不要憋在心里。

只有说出来，他人才能帮助你！

灵妈的知心话

宝贝们，沉默只会让坏人更嚣张，勇敢说"不"才是保护自己的最佳武器。

你的身体是独一无二的宝藏，你有权决定谁可以靠近它。

拒绝不等于没礼貌，真正爱你的人一定不会践踏你的底线。

底线不是一面墙，而是一束光，能照亮你的尊严。

遇到危险时，尖叫、反击、逃跑都不丢人，安全永远比面子重要！

最后，记住灵妈教给你们的"身体安全口诀"：

隐私部位不能碰，越界行为要喊停！
勇敢拒绝不用怕，大人帮你来搞定！

当你坚定地守住底线的时候，你已经变得更勇敢、更强大了！

越是家长不让看的东西，我就越好奇

吐槽大会

　　姐妹们，你们有没有发现，越是家长不让讨论的东西，或者老师不愿多讲的知识，咱们就越好奇？

　　比如，每次电视上出现男女主角接吻的画面时，家长就火速换台，仿佛多看一秒我就会学坏。

　　再如，生物课本上"青春期的身体变化"那部分，老师讲得还没某些同学讲得"深入"。最后老师还会来一句："大家还有什么问题？"

　　问题倒是有一堆，但谁敢问啊？问了怕是要被说思想不纯洁！

　　我妈第一次跟我提起"性行为"这个词的时候，我还以为是信任别人的行为。

　　所以，性行为到底是什么？为什么家长一提到它就紧张得手足无措？

　　难道它和电视剧里演的亲亲抱抱不一样吗？

　　还是说它真的像大家说的那样危险？

支招时间到

别慌！对性知识好奇并没有什么错，关键是怎么科学地了解它。

性行为这个话题确实重要，但也容易被误解。咱们先来厘清几个关键点，用知识代替猜测，用自信代替焦虑！

性行为并不是"信行为"，隐晦背后是知识的缺失

"信行为"其实是性行为的隐晦表达方式。

★ **性行为到底是什么？**

从科学角度来说，性行为是指人类为了繁衍或表达亲密关系而进行的活动，通常涉及生殖器的接触。不过，它的意义远不止生理层面，还关乎情感、责任和尊重。

150

★ **为什么家长避而不谈?**

传统观念影响 在很多家长从小接受的教育里,谈论性话题是羞耻的,这导致他们不知道如何开口。

保护心态 家长担心孩子过早接触性知识会进行模仿或受到伤害。

知识盲区 部分家长自己也不怎么了解科学的性知识,怕说错话。

★ **避而不谈的后果是什么?**

好奇心会驱使我们通过非正规渠道获取信息,比如非法网站、各种传言等,通过这些渠道获得的信息可能不准确,甚至有害!

三步走，科学了解性行为

★ **第一步：认清好奇心是成长的信号**

对性产生好奇，说明你开始关注自己的身体和人际关系，这在青春期再正常不过。

不用觉得羞耻，就像你会好奇天空为什么是蓝色的一样，探索未知是人类的天性。

★ **第二步：选择靠谱的信息来源**

书籍　《从尿布到约会》《女孩之书》等读物，用轻松的语言讲解科学知识。

权威平台　世界卫生组织（WHO）、正规医院网站发布的科普文章等，内容严谨又易懂。

信任的成年人　如果不好意思和父母沟通，可以向生物老师或心理老师求助。

★ **第三步：明确边界与责任**

性行为涉及生理、心理和法律等多方面的责任。

生理保护　不用酒店或公共场所的毛巾擦拭隐私部位。

心理成熟度　对你来说，进行性行为还为时过早。

身体自主权　任何人都无权强迫你与其发生性行为。

灵妈的知心话

　　宝贝们，当机灵姐把"性行为"理解成"信任别人的行为"时，我忍不住笑出声来，一方面觉得她单纯可爱，另一方面又觉得这种解释很得体。确实，健康的性行为需要基于信任和爱。

　　好奇心是智慧的种子，但只有用科学浇灌，它才能开出安全的花。

　　家长的态度或许让你觉得委屈，但他们的初衷是保护你。与其跟他们对抗，不如换一种方式沟通。

　　记住，你的身体和情感都应该得到尊重，永远不要因为好奇而草率行动，真正的成长是学会用知识和理性保护自己。

　　在我国，与未满 14 周岁的未成年人发生性行为属于犯罪。即使双方自愿，也要等到法律规定的年龄。我觉得至少要等到 18 岁以后才能考虑这种事，因为等待从来不可耻，盲目尝试才是冒险。

　　下次听到"信行为"这种梗时，你可以自信地告诉对方："别玩谐音梗啦！性行为是科学话题，咱们应该大大方方地讨论！"

　　当你足够了解性行为时，那些隐秘的话题将不再神秘，你学到的科学知识会成为保护你成长的铠甲。

男生？ 女生？
重要吗？

吐槽大会

姐妹们，你们有没有遇到过有关性别表达的"灵魂考问"？

比如，我刚剪了短发，就有人大惊小怪："你好像个男生哟！"

再如，我穿了一件宽松的 T 恤，就有人调侃："穿得这么中性，你是不是想当男孩子啊？"

救命！我只是穿了一件舒服的衣服，怎么就被贴上标签了？

更离谱的是，有些人连你走路的姿势都要点评："你步子迈这么大，一点儿都不淑女！"

明明我们只是按照自己的喜好打扮，却总有人用"像男生""像女生"这样的标签来定义。

难道衣服只有粉色公主裙和蓝色篮球服这两种选择吗？

最扎心的是，有些同学还会偷偷议论："她是不是心理有问题啊？""她怎么不男不女的？"

听到这些话，我真的又生气又委屈。我喜欢什么风格，关别人什么事？为什么非要按别人的标准活成"模板"？

有时候我甚至怀疑自己："我是不是真的很奇怪？"

但转念一想，男生和女生之间的界限到底是谁划分的？为什么连头发长短、衣服颜色都要被审判？

支招时间到

姐妹们，先放下纠结！一个人的个性和风格从来不是非此即彼的选择题，而是自由发挥的开放题。

接下来，咱们一起解开这些困惑，找到属于自己的答案。

性别表达 ≠ 性别本身

你可以是穿裙子的酷 girl，也可以是爱机甲的淑女。

服装和发型只是个性的外在表达，它们就像颜料，你选择什么颜色都可以，和性别无关。

个人的兴趣爱好更不应该被限制，喜欢打篮球的女生，爱织围巾的男生，他们都拥有鲜活有趣的灵魂，为什么要被刻板印象框住呢？

156

面对质疑，你可以这样回击

情景1：有人指着你的短发说："你好像男生啊！"

回应："剪短发是女生的权利，就像留长发是男生的自由一样。"

情景2：有人嘲笑你不够淑女。

回应："淑女的标准是你定的？那请你先示范一下完美的淑女是啥样的呗！"

学会区分好奇和恶意

如果对方只是单纯好奇，比如有人问你为什么喜欢穿男装，你可以大方地解释："因为舒服又帅气呀！"

如果对方是恶意嘲讽，你就直接表明态度："我的风格我做主，你的意见与我无关！"

找到同类，互相支持

　　如果你觉得孤独，不妨看看时尚方面的书，然后你就会发现，其实很多人都是"少见多怪"，不管是长发还是短发，都是风格类型的一种。

　　你的"特别"，是因为你有独特的时尚态度。

　　你还可以参加动漫展等展览或滑板社等兴趣团体，你会发现，和你一样"特别"的人其实超多！

灵妈的知心话

宝贝们，勇敢地做自己吧！不要让别人的眼光成为禁锢你们的枷锁。

如果你现在感到迷茫，灵妈想对你说：

你可以用自己喜欢的任何词语去定义独一无二的自己。

无论是"甜酷风""中性风"还是"混搭风"，只要是你真心喜欢的，就是最好的风格。不过穿衣风格和发型还是要遵守学校的规定哟！

当然，如果你遭到嘲笑或欺凌，一定要告诉信任的大人。

真正在意你、尊重你的人，永远不会用性别来评判你的价值。

如何堵住"黄"同学的嘴？

吐槽大会

姐妹们,你们身边有没有那种"黄"同学?

明明大家在好好聊天,突然有人冒出一句:"哎,我听说×××和×××周末去小树林了!"

有的人总喜欢在班级群里发一些莫名其妙的黄段子,还得意扬扬地说:"这都不懂?你们太单纯了吧!"

更过分的是,有些男生会故意跟女生开恶意的玩笑:"你今天穿得这么好看,是不是要去勾引谁啊?"

"你的胸这么大,是不是偷偷垫东西了?"

这些话像粘在鞋底的口香糖,怎么甩也甩不掉,让人尴尬又生气!

最无语的是,当你鼓起勇气反驳时,对方却嬉皮笑脸地说:"开个玩笑而已,这么认真干吗?"

拜托!这种玩笑一点儿都不好笑,只会让人觉得被冒犯!

怎样堵住这些"黄"同学的嘴啊?

支招时间到

为什么有人爱传黄谣、开黄腔？

博关注　有些人觉得说大胆的话能吸引眼球，显得自己很成熟。

不懂尊重　他们根本没意识到，这些话会让别人不舒服，甚至会伤害到别人。

跟风模仿　他们可能是从网上学来的，以为这样很酷。

如何优雅地堵住他们的嘴？

★ **冷处理，无视是最好的反击**

如果对方只是偶尔说一两句，你可以直接不回应，面无表情地走开。

没有观众捧场，他的"表演"自然就进行不下去了。

162

★ 严肃反问，让他知道你很生气

当有人开黄腔时，你可以直视着他的眼睛问：

"你觉得这样说很有趣吗？"

"你知道你刚才的话是在侮辱人吗？"

语气要坚定，让他意识到问题的严重性。

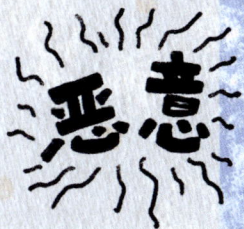

★ 公开反击，别怕撕破脸

如果对方变本加厉，甚至在班级群里散布谣言，你可以联合其他同学表态：

"我们不想看到这种低俗的内容，请撤回！"

必要时告诉老师或家长，让成年人介入处理。

★ 用法律武器保护自己

根据相关法律规定，传播淫秽信息或诽谤他人属于违法行为。

如果对方恶意造谣，导致你的名誉受损，你可以保留证据（聊天记录、截图等），向学校或警方求助。

灵妈的知心话

宝贝们，喜欢开黄腔的同学可能以为自己很幽默，其实这种行为既不尊重别人，也暴露了他自己的无知。你们永远不需要为别人的低俗言论买单！

如果感到被冒犯，要大胆说出来。这不是小题大做，而是维护自己的尊严。

真正成熟的人懂得用恰当的方式表达自己的观点，而不是通过贬低他人、开他人的玩笑来取乐。

下次遇到喜欢开黄腔的同学，你就挺直腰杆告诉他："你的话让我很不舒服，请停止！"你的眼神和语气越坚定，对方就越不敢轻视你！

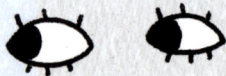

原来这不是口香糖？

吐槽大会

姐妹们，你们有没有遇到过那种"迷惑现场"？

比如，我在便利店的货架上看到一个个五颜六色的小盒子，包装亮闪闪的，心想："这难道是新款口香糖？为什么名字这么奇怪？"

后来经过我妈的科普，我才知道那根本不是口香糖！

网上总有人把避孕工具和不正经画等号，甚至有人说："只有坏孩子才去了解这些！"

拜托！难道我们连那些能够保护自己的知识都不能学吗？

明明什么都不懂才更危险啊！

支招时间到

避孕工具并不是洪水猛兽！它们其实是身体的"安全卫士"，和创可贴、口罩一样，能在关键时刻保护你。

所以，我们需要正确认识避孕工具以及避孕方式。要注意的是，18岁以下的青少年只需要了解，不能"以身试法"。

避孕套：不只是"气球"

避孕套到底有什么用？

它不仅能防止精子进入女性的身体（避免怀孕），还能阻隔性病病毒（比如HIV、HPV等）。简单来说，它是"双保险"——既保护身体，也保护未来！

避孕药：除了避孕套，避孕药也能避孕

短效药：需要按周期服用，可以调节激素水平，避孕有效率高达 99%。

紧急药：事后 72 小时内服用，是补救措施。不能频繁服用，以免伤身。

其他避孕方式

皮埋避孕：在手臂皮下埋入小软管，它会缓慢释放激素，抑制卵巢排卵，避孕效果可持续 3 ~ 5 年。

避孕环：由医生放置在子宫内，适合已婚已育的女性。

任何避孕方式都不可能达到百分百避孕的效果，不要抱着侥幸心理，保护好自己永远最重要！

灵妈的知心话

　　宝贝们，知识从不该有纯洁和肮脏之分，真正危险的是蒙着眼睛走路。知识也从来不是导火索，而是救生艇。掌握了身体防护的智慧，将来你们就能在关键时刻保护自己，不至于茫然无措。

　　如果有人对你说"学这些会变坏"，你就直接怼回去："了解避孕知识不代表要立刻使用它，而是为了在未来需要时，能冷静地做出正确的选择。"

　　你的身体很珍贵，应该得到科学的保护！

169

天哪，这种病不写在脸上！

吐槽大会

提到与性相关的疾病，我们头脑中可能会出现各种各样的猜测：

"他 / 她看起来干干净净的，怎么可能有病？"

"用公共场所的毛巾，会被传染什么病吗？"

"只有乱来的人才会得性病！"

…………

结果一查资料才发现，HPV 可以通过皮肤接触传播，HIV 甚至能通过共用针头传播。

其他人的妇科炎症可能会因为我们共用过一条毛巾而传染给我！

这些病根本不会在脑门儿上贴"注意远离"的标签，更不会因为你很乖就绕道走。

更可怕的是，有些病早期根本没症状，病毒只会悄悄搞破坏，等到你觉得身体不舒服时才发现自己中招了。

网上甚至还有人散布谣言："得性病是因为上辈子造了孽！"

救命！这都 2025 年了，怎么还有人用玄学解释疾病啊？

支招时间到

这些病听起来可能有点儿吓人，但就算得了这些病，也不等于要接受道德审判。

它们和感冒一样是疾病，需要进行科学预防和治疗。

了解性病并不等于你一定会得这些病，而是为了让你学会保护自己。

这就像学习交通规则一样，不是因为你马上要开车上路，而是为了让你走在马路上更安全。

青少年需要知道的常见的性传播疾病

HPV（人乳头状瘤病毒）

传播途径：皮肤密切接触（包括性行为）、间接接触等。

危险信号：生殖器附近长小疙瘩（尖锐湿疣），高危型可能引发宫颈癌。

HIV（艾滋病病毒）

传播途径：血液传播、母婴传播、性行为。

辟谣重点：拥抱、一起吃饭、蚊子叮咬不会传播HIV。

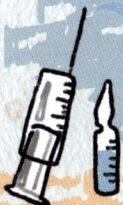

淋病、梅毒

症状表现：淋病的症状为尿痛、分泌物异常；梅毒的症状为皮肤溃烂、红斑。

治疗关键：早发现早治疗，可服用抗生素。拖久了会损伤心脏、神经。

请注意，以上这些疾病都不是只通过性行为传播，所以，不要戴"有色眼镜"看待病毒携带者哟！

青少年如何保护自己?

接种疫苗

HPV 疫苗可预防官颈癌和尖锐湿疣。

注意卫生习惯

不共用私人用品，如剃须刀、牙刷、毛巾等。

去正规医院做检查，确保器具消毒到位。

远离高风险行为

不共用针头。亲密接触要谨慎，保护自己最重要!

如果你有任何不舒服，一定要告诉家长或去看医生，早发现，早治疗!

174

灵妈的知心话

宝贝们，学习这些知识并不是让你们焦虑，而是让你们更清楚如何保护自己。

很多人误以为性传播疾病离青少年很遥远，等长大了再学习这些知识也不迟。但事实是，根据研究数据，15 ~ 24 岁的年轻人是性传播疾病的高风险群体，每年有许多年轻人感染各种性传播疾病。

HPV、HIV、梅毒等不仅会通过性行为传播，还可以通过皮肤接触、血液、母婴等方式传播。如果缺乏相关知识，青少年可能会在不知情的情况下暴露在危险之中，也不懂得如何保护自己。

你的身体应该得到最好的照顾，世界那么大，还有很多美好的事物等着你去探索。

早一点儿了解这些疾病就能早一点儿预防，让自己的人生多一分安全感！

没错！这些都算
性骚扰！

吐槽大会

姐妹们，如果你们遇到下面这些"迷惑操作"，一定要打起十二分精神。

比如，男性亲戚突然摸摸你的头，说："哎呀，小姑娘身材越来越好了！"

再如，男同学假借开玩笑掀你的裙子："看看你今天穿什么颜色的内裤！"

更过分的是，补习班老师把你单独留下来辅导，手却搭在你的大腿上……

如果你对此表示很生气，他们反而倒打一耙：

"长辈这是夸奖你，别不知好歹！"

"碰一下怎么了？你也太敏感了吧！"

有人甚至会说："又没脱你衣服，大惊小怪干啥？"

难道非要等到被侵犯时才能反抗吗？

那些让你不舒服的触碰、言语和眼神，其实都是越界的信号！

支招时间到

任何违背你意愿的性暗示、肢体接触、隐私窥探等都是性骚扰，甚至是性侵犯。

警惕隐性侵犯

语言骚扰

"你发育得这么好，交过几个男朋友啊？"

"穿这么短的裙子，不就是给人看的吗？"

视觉侵犯

偷拍裙底，强迫你看色情视频，视频通话时裸露身体。

肢体越界

假装拥抱摸你后背，故意用膝盖碰你大腿，强吻。

四步反击法

★ **第一步：大声拒绝**

遭到侵犯时立刻大喊："我不喜欢这样！停下！"声音越大越好，引起周围人的注意。

★ **第二步：保留证据**

录音，截图保存聊天记录，拍下对方的车牌号。哪怕是微信上的骚扰言论也能当证据。

★ **第三步：向信任的人求助**

告诉家长、老师、警察，或者拨打妇女维权公益服务热线 12338。

★ **第四步：心理疗愈**

向心理咨询师倾诉，参加反性侵互助小组，重建安全感。

熟人作案更要防

据统计，大约 70% 的性侵案都发生在熟人之间。

与异性亲戚相处时，避免单独共处一室，拒绝喝酒。

与陌生网友聊天时，不要轻易透露自己的家庭住址，并尽量避免单独见面。

灵妈的知心话

宝贝，千万记住，错的永远是施害者，不是你！

如果有人让你感到不舒服，无论这个人是老师、亲戚、学霸、偶像，还是其他你熟悉或尊敬的人，你一定要相信自己的直觉，你的感受不会欺骗你。不管对方是开玩笑还是故意试探，只要让你不舒服，那就是越界！

你的身体是你的王国，你是唯一的统治者。任何未经你允许的言语侵犯或行为侵犯都是"非法入侵"。面对侵犯者，你不需要忍气吞声，你需要做的是大声拒绝、坚决反抗，并向你信任的人寻求帮助。

记住，你的感受比任何人的面子都重要。保护自己不是小题大做，而是你的权利。勇敢说"不"，让全世界知道：你应该被尊重，而不是被冒犯！

第四章

护肤这件事

吧！

也了太难

我们为什么没有"护肤许可证"？

吐槽大会

姐妹们，你们有多少人收到了"护肤禁令"？

比如，我让妈妈帮忙买支洗面奶，妈妈立刻回道："小孩子用什么洗面奶？用清水洗脸就行了！"

再如，我看到同桌在用面霜，回家试探性地问妈妈："我能买一瓶面霜吗？"妈妈一口回绝："你才几岁？皮肤嫩得很，别瞎折腾！"

又比如，夏天的太阳好晒，我想买瓶防晒霜，妈妈果断拒绝："小孩子不用防晒，多晒太阳才好呢。"

....

最让人困惑的是，只要提到"护肤品"三个字，爸爸妈妈就像启动了防御模式："现在用这些，等你年龄大了，皮肤就没抵抗力了！"

"网上那些美妆博主都是骗子！"

可是，我的鼻尖已经变成草莓了，额头亮得能当镜子，这样真的健康吗？难道要等到晒出斑、干到裂口，才能拿到"护肤许可证"吗？

支招时间到

为什么我们需要护肤？

青少年的皮脂分泌量较儿童时期显著增加。

很多青少年因护肤不当导致皮肤受损。

未成年时期被晒伤会使患黑色素瘤的风险增加。

所以，护肤不是大人的"专利"，小孩也需要科学护肤，尤其是青春期的小孩。

皮肤的"成长秘籍"（不同年龄段的护肤重点）

护肤就像升级打怪，每个阶段需要不同的装备。跟着皮肤的成长节奏，用对护肤方法，你就能拥有健康的皮肤。

6~9岁：护肤"小白"的入门守则

在这一阶段，你的皮肤像剥了壳的鸡蛋，超级娇嫩，最需要的就是温柔呵护和防晒。

10~13岁：护肤"小学徒"的进阶修炼

恭喜你，皮肤护理进入新手挑战关！在这一阶段，皮脂分泌可能会开始"试营业"，黑头、油光偶尔会冒个头，皮肤清洁和保湿变得更重要了。

14岁及以上：护肤"高手"专属进阶挑战

你的皮肤迎来青春期大考，皮脂分泌可能会突然"冲刺"，痘痘、闭口等"小怪兽"随机出没。这一阶段，你要根据自己的皮肤类型选择相应的护肤秘籍。

护肤的终极秘籍：皮肤的需求是"动态升级"的，不要盲目跟风，找到适合自己的护肤方式，才能让皮肤一直保持最佳状态哟！

说服家长的"三步话术"

换位思考一下，家长最在乎的可能不是"你能不能护肤"，而是"你的护肤方式是不是安全的"。当你用科学的方式与他们沟通，或许他们更愿意倾听。

★ **第一步：摆事实，让家长意识到护肤的重要性**

"妈妈，我们生物老师说了，青春期皮肤容易出问题，科学护肤能预防痘痘！"

（家长更信老师的话，所以可以搬出老师所讲的知识。）

★ **第二步：拿出证据，证明合理护肤并不会毁脸**

找出儿科医生、皮肤科医生发表的科普文章给家长看，并告诉他们："你看，这位医生说，适度护肤不仅不会让皮肤变差，反而能预防青春期皮肤问题。"

（医生的观点更能让家长信服，比我们自己说有效得多。）

★ **第三步：退一步，让家长给个试一试的机会**

"我可以先试试温和的氨基酸洗面奶吗？如果没效果，或者皮肤变差，我立刻停用！"

（给家长一个"可控"的方案，他们更容易接受。）

灵妈的知心话

　　宝贝，我知道你此刻的委屈——明明是为皮肤健康着想，却被误解成爱慕虚荣。但换个角度看，家长的过度紧张何尝不是一种变相的保护呢?

　　其实，这场"护肤谈判"的本质是成长话语权的争夺。当你用研究课题的态度准备护肤资料，用处理班务的智慧管理护肤流程，家长会惊喜地发现：原来我的孩子早已具备成年人的责任感了。

　　用智慧赢得信任是成长的必修课。当跨出这一步，你得到的将不只是一瓶面霜，更是走向独立的通行证。

脸上的油光，
有办法解决！

吐槽大会

姐妹们，你们有没有过这样的经历，每天起床后一摸脸，摸到一手油？

"啊，这油光锃亮的效果，连反光镜都自愧不如！"

明明刚洗完脸时非常清爽，结果一节课下来，刘海油得能炒菜，鼻头的黑头集体"开会"！

更让人抓狂的是，你试过许多种控油方法却全都没用！

吸油纸？只管用5分钟！

控油水？一点儿用都没有！

去油洗面奶？洗到脸皮紧绷，洗到怀疑人生，可"油田"依旧那么高产。

谁来救救我的油田脸啊！！！

支招时间到

青春期体内的激素就像被按下了"疯狂加班键"，雄激素飙升，激活皮脂腺，把脸蛋变成 24 小时不打烊的"皮脂工厂"。油光满面的背后，其实是身体在说："嘿，我正在长大呢！"

皮脂其实是皮肤的天然保护层，过度清洁反而会引发"报复性"出油。

科学控油的关键在于温和、平衡、坚持。

油皮护理三大原则

★ **温和清洁**

不要用肥皂、强力磨砂膏洗脸。

选择氨基酸洗面奶或含 APG 表面活性剂的洗面奶，早晚各洗一次就够了。

冷知识

洗完脸紧绷并不意味着洗得干净，那是皮肤在喊"救命"！

★ 补水、控油两手抓

皮肤缺水时会疯狂分泌皮脂来"自救"。洁面后要立刻涂抹清爽的保湿水（含神经酰胺、透明质酸），再薄涂控油乳液（含烟酰胺、PCA锌）。

★ 防晒不能偷懒

紫外线会让皮脂腺更活跃。选择轻薄的防晒乳（如水液质地的），避免防晒乳太厚重闷出痘痘。

切记避开这些雷区

❌ 疯狂洗脸：洗掉保护膜，油越来越多。

❌ 撕拉鼻贴：黑头没清洁干净，毛孔先被扯大。

❌ 凡士林糊脸：油上加油，闭口连夜开"派对"。

灵妈的知心话

宝贝们，灵妈想告诉你们一个秘密：油皮其实是"抗老潜力股"！

皮脂能帮助皮肤锁住水分，延缓干纹的出现。很多大美人都是油皮，她们的脸上可没有油光，只有光泽！

如果你正在为脸上出油而烦恼，不妨换个角度想："这是我的皮肤在努力保护自己呀！"用温和的方式和皮肤相处，给它时间调整好状态。

当你学会科学控油，烦人的油光终会变成自信的光彩！

怎样挑选第一支洗面奶?

吐槽大会

姐妹们，你们第一次选洗面奶的时候，是不是觉得自己像在破解"达·芬奇密码"？

每支洗面奶上都写着"控油""祛痘"……

"氨基酸""皂基""APG"……这些词更是像外星语一样让人摸不着头脑！

更离谱的是，广告里的小姐姐用完洗面奶后皮肤透亮发光，你一激动买了同款，结果洗完脸后紧绷得像戴了石膏面具，还冒出几个小小的红疙瘩！

说好的温和清洁呢？这分明是"脱皮警告"！

妈妈还时不时发出"灵魂考问"："小孩子用什么洗面奶？用肥皂洗洗得了！"

可是用肥皂洗完后脸会干到像要裂开，摸起来像砂纸，这样真的没问题吗？

支招时间到

姐妹们，别焦虑。其实，选洗面奶就像交朋友，适合你的才是最好的！

学会看成分、匹配肤质、不盲目跟风，用这三把钥匙就能解锁洗面奶的"身份"。

怎么看成分表?

氨基酸系: 成分表上有"xx酰x氨酸x"

温和亲肤，其pH值与皮肤的接近，洗完不紧绷，适合敏感肌、干皮，可以在早上使用。

皂基系: 成分表上有"氢氧化x""xx酸"

清洁力强，但容易拔干，适合大油皮偶尔用（一周2~3次），别天天用！

APG系: 成分表上有"xx糖苷"

温和到能睁着眼睛洗脸！适合重度敏感肌，但可能会产生假滑感。

按肤质对号入座

油皮 使用氨基酸和少量皂基的复配型洗面奶，避开火山泥、磨砂颗粒。

干皮/敏感肌 使用纯氨基酸或APG洗面奶，避开酒精、香精、薄荷醇等成分。

混合皮 T区用氨基酸和少量皂基的复配型洗面奶，两颊轻轻带过，分区护理更有效！

不盲目跟风

❌ **美白洗面奶：** 洗面奶在脸上停留30秒就能美白？不如多涂防晒霜！而且美白成分容易闷痘。

❌ **祛痘神器：** 洗面奶不能祛痘，过度清洁反而会破坏皮肤屏障。

❌ **越贵越好用：** 平价的氨基酸洗面奶一样好用。

灵妈的知心话

宝贝们，洗脸不是刷锅，并不是洗得越干净越好。

你的皮肤比想象中的娇嫩，别因强力清洁而伤害了它。下次挑选洗面奶时，记得对自己说："我要找的不是广告里的女神同款，而是让皮肤感到舒服的'温柔伙伴'。"

如果实在不知道怎么选，那就闭上眼睛默念："氨基酸！氨基酸！氨基酸！"
温和清洁才是更重要的！

闭口、粉刺、痘痘，
可以分开对待！

吐槽大会

姐妹们，你们有没有这种经历：脸上的小疙瘩千奇百怪，你好不容易才搞清楚它们到底是啥！

额头上长了一片小颗粒，摸着像砂纸，一照镜子却发现几乎看不见。——它们叫闭口！

鼻子上、下巴上冒出一堆白点，有的变黑了，还老是挤不干净。—— 恭喜你，收获了白头粉刺和黑头粉刺！

脸颊上、下巴上突然冒出又红又大的包，一按还痛得要命。——它们叫炎症痘，是痘痘界的"大佬"！

可是，新的问题又出现了——闭口、粉刺、痘痘，分别该怎么对付呢？

天哪，护肤太难了，难到怀疑人生！

支招时间到

姐妹们，虽然闭口、粉刺、痘痘都属于"毛孔堵塞家族"，但它们各有各的脾气，了解它们各自的特征，才能对症下药！

闭口（潜伏的"隐形军"）

长什么样？

小颗粒，摸着像砂纸，不红不痛，一般成群出现在额头、下巴和脸颊。

怎么来的？

清洁不到位，皮脂堆积，护肤品太厚重，导致毛孔被堵住，角质"憋"在里面出不来。

怎么对付？

别乱挤！闭口潜伏在皮肤下面，硬挤只会让它们变成红肿的大痘。

做好清洁，定期去角质，一周用1~2次温和的含水杨酸或果酸的护肤品，帮助疏通毛孔。

粉刺（白头、黑头是一家）

长什么样？

白头粉刺：小小的白点，和闭口很像，但稍微凸起一点儿。

黑头粉刺：本来是白头，但毛孔打开后，皮脂接触空气后氧化，变成了"黑芝麻"。

怎么来的？

皮脂分泌太旺盛，堵住了毛孔，进而形成了粉刺。

怎么对付？

温和溶解皮脂，不要用手挤！一周用 1～2 次含水杨酸或果酸的护肤品，把堵住毛孔的皮脂溶解掉。黑头粉刺不要硬拔，否则只会让毛孔变大，建议用清洁泥膜和收敛水温和护理。

炎症痘（引发疼痛的"狠角色"）

长什么样？

红肿痘：又大又红，摸着有点儿硬，一碰就疼。

脓包痘：长到一定程度后，顶端变白，里面是脓，超级想挤。

囊肿痘：长在皮肤底下的大硬块，红肿范围大，一摸就疼。

怎么来的？

激素搞事情　青春期雄激素水平飙升，皮脂腺疯狂产油，毛孔犹如早高峰的交通要道，被堵得水泄不通。

细菌开"派对"　痤疮丙酸杆菌在油堆里大吃大喝，引发炎症。

生活习惯坑人　熬夜、吃垃圾食品、手机屏幕贴脸打电话（细菌蹭一脸），痘痘不请自来。

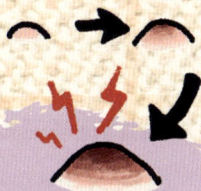

红肿痘和脓包痘，怎么对付？

温和清洁　使用氨基酸洗面奶洁面，每周敷 1 次水杨酸面膜（2% 浓度）。

精准点痘　睡前贴上痘痘贴，隔绝细菌，吸出脓液。

消炎神器　点涂夫西地酸乳膏（处方药需在医生的指导下使用）。

囊肿痘，怎么对付？

管住双手　别挤别抠，去医院做红蓝光或针清治疗。

内调外养　戒牛奶、甜品，补充 B 族维生素和锌。

预防痘痘"卷土重来"

★ **告别挤痘坏习惯**

挤痘的后果包括但不限于：

细菌扩散：手上的细菌进入皮肤，进入血液，甚至有可能引发脑膜炎。

痘坑遍布：挤痘伤到真皮层，留下永久性痘坑。

色素沉淀：发炎后，黑色素堆积，形成顽固痘印。

★ **枕套每周一换**

细菌的"窝点"必须端掉！

★ **戒掉摸脸习惯**

不夸张地说，手上的细菌比马桶圈上的还多！

★ **防晒不能停**

紫外线会刺激皮脂分泌，物理防晒霜更友好哟。

灵妈的知心话

宝贝们，长痘确实让人心烦，灵妈懂你们的感受。谁不想每天照镜子时看到一张干干净净的脸呢？其实，痘痘对青春期的皮肤来说只是"过客"，它们来了，也会走。

别焦虑，做好皮肤清洁，学会科学护理，皮肤状态自然会变好。

别乱挤，别乱试偏方，保护皮肤比追求速效更重要。

最重要的是，别让痘痘影响了你的自信。你本来就很漂亮，不管脸上有没有痘痘。

等过了这段"多事之秋"，你会发现自己的皮肤变好了，心理也变得更强大了！

是是是，我不白！
那咋了？

吐槽大会

姐妹们，你们有没有发现，青春期的"颜值焦虑"太恐怖了！

有些人总喜欢对别人的肤色指指点点：

"你怎么晒得这么黑啊？"

"哎，你应该多用点儿美白产品！"

——好像你的皮肤不是冷白皮，你就输了似的。

更扎心的是，短视频、广告、电视剧通通在洗脑：

"一白遮百丑！"

"学生党必备！××天让你白到发光！"

难道皮肤黑一点儿就代表不好看吗？

健康的小麦色皮肤在阳光光，难道就输给了滤镜下的冷白

美白真的那么重要吗？

我们到底是在护肤，还是在

"白才美"PUA*？

*PUA：指在一段关系中一方通过言语打压、行为否定、精神打压的方式对另一方进行情感操纵和精神控制。

支招时间到

　　姐妹们，先别急着往脸上乱抹各种美白护肤品，让我们先搞清楚是谁在制造"白才美"的焦虑。

　　广告　商家喜欢拿"让皮肤变得白皙无瑕"当卖点，时间长了你就会觉得皮肤一定要白才好看。

　　滤镜和P图　在滤镜和P图的双重作用下，短视频和直播里出镜的人90%都是冷白皮。

　　影视剧　很多影视剧里的女主角都白得发光，不知不觉就会让人觉得只有皮肤白的人才能成为主角。

美，从来都不止一种标准

冷白皮纯净大方，让人看起来很有气质；小麦色皮肤健康有活力，让人看起来神采奕奕。

每种肤色都有自己的美，自然的肤色才是最适合你的，没必要为了变白而折腾皮肤。

皮肤状态比肤色更重要，干净、透亮、有光泽才是真正的美。

科学护肤，让皮肤状态在线

与其被"美白焦虑"绑架，不如关注皮肤健康，让皮肤保持水润、光滑、有光泽。

★ **防晒是最强"护肤秘籍"**

美白精华都没防晒霜管用。不管是冷白皮还是小麦色皮肤，都会因紫外线而受损，变得暗沉。涂 SPF30+ 的防晒霜可有效防止皮肤被晒伤，在室外运动时记得补涂。

★ 肤色均匀比美白更重要

皮肤暗沉，肤色不均匀，通常是缺水、熬夜、清洁不到位造成的，护肤重点是补水和修护。

用温和的洗面奶洗去皮肤的油光，再适当补水，让皮肤喝饱水，保持水油平衡，皮肤才会自然透亮。

★ 健康饮食，规律作息，养出好皮肤

吃得健康，睡眠充足，比用速效美白产品更有效！

多吃富含维生素C的水果（如橙子、柠檬、草莓等），帮助皮肤抗氧化，减少暗沉。

少熬夜，睡眠要充足。黑眼圈、皮肤蜡黄都是作息不规律惹的祸。

灵妈的知心话

宝贝们，与其纠结肤色深浅，不如让皮肤呈现出健康的光泽。不要让广告和他人的看法决定你的审美标准，健康自然的皮肤才是最美的！

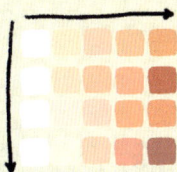

小麦色皮肤活力四射；冷白皮清透自然。

不管哪种肤色，干净、健康才是最美的状态。

如果下次有人对你的肤色指指点点，你就微笑着回一句："这是阳光颁发给我的勋章哟！"

为什么我的护肤品反而让皮肤更糟了？

吐槽大会

姐妹们，你们有没有经历过"护肤惨案"？

攒了半个月零花钱买了网红面膜，敷完后脸肿得像猪头；跟风入手的纯天然手工皂，洗完脸后皮肤干到快要裂开；买了某博主推荐的院线级精华，用了一周后满脸爆痘……

最气人的是，卖家还理直气壮：

"这是排毒反应，坚持用就好了！"

"你皮肤底子太差了，坚持使用才能得到修复！"

救命！我的脸是试验田吗？

明明想变美，结果却变成了"敏感肌难民"——红血丝、脱皮、闭口集体"造反"！

更扎心的是，妈妈看到我的脸还"补刀"："早说了别瞎折腾，你偏不听！"

可是，我只是想好好护肤啊！为什么受伤的总是我？

支招时间到

据统计，大约 90% 的烂脸情况都是因为使用了三无产品或护肤不当，所以挑对护肤品非常非常重要。

三无护肤品"死亡三件套"

没在国家药监局备案

下载"化妆品监管"App，输入产品名称，秒查备案情况。正规产品都有备案，没备案的，直接拉黑！

夸张宣传，吹牛皮

"三天祛斑""七天换肤"，这些宣传语太夸张，买这样的产品简直就是交智商税！

假洋牌，来路不明

全英文包装，小作坊生产，商品详情页上连成分表都没有，十有八九是三无产品！

危险成分黑名单

激素（地塞米松、丙酸氯倍他索）

短期用能"换脸"，长期用就成"激素脸"，停用就烂脸！

重金属（汞、铅）

美白效果立竿见影，但伤肾，甚至会致癌！

荧光剂

让你的皮肤白到发光，卸妆后却暗沉如泥。

科学挑护肤品"四步法"

★ **第一步：查身份**

国家药监局备案：所有正规产品都有相应的备案信息。

购买渠道正规：专柜、旗舰店、药店等。

★ **第二步：看成分**

学会看护肤品成分表。某种成分在成分表上越靠前，护肤品中该成分的含量就越高。

比如，你想选择一款含有可以均匀肤色的烟酰胺的产品，那就要注意成分表里的烟酰胺是否排名靠前。

如果你想选择含有透明质酸的保湿产品，那就要确认成分表里的透明质酸的排名，别是垫底成分啊！

敏感肌女孩，记得避开这些成分：酒精、香精、防腐剂（甲基异噻唑啉酮）。

★ **第三步：做测试**

耳后、手腕试用：连续3天无红、肿、痒症状再上脸。

一次只换一种：别同时换全套护肤品，否则烂脸了都不知道谁是元凶！

★ **第四步：信科学**

别迷信纯天然：芦荟直接涂到脸上可能导致过敏，经工业提取后才安全。

不是越贵越好：适合自己的才是最好的。

❗ **特别提醒：如果烂脸了，立刻停用产品，及时就医！**

灵妈的知心话

宝贝们，灵妈知道你们急着变美，但护肤就像种树，根扎稳了，才会枝繁叶茂。

如果你正在为烂脸烦恼，那就停用可疑产品，改用温水洗脸，给皮肤 28 天自我修复的时间。同时，你最好学会看护肤品成分表，这也很重要！

下次看到"快速见效"的护肤品广告，你就默念这句咒语："慢就是快，稳就是赢！"

真正的美是健康有光泽的自然皮肤，不是滤镜下的假面哟！

我可以用妈妈的护肤品吗?

吐槽大会

姐妹们，你们有没有偷偷打开过妈妈的化妆柜，看着那些瓶瓶罐罐两眼放光？

"啊！这瓶精华液上写着'抗衰老'，用了会不会变成仙女？"

"这瓶面霜好好闻，抹在脸上肯定贵气十足！"

趁妈妈不在，你挖了一大块涂在脸上，结果第二天额头上爆出几个痘，脸颊红得像猴屁股！

更扎心的是，妈妈发现后还"补刀"：

"小孩子用这些干吗？皮肤都被你折腾坏了！"

妈妈的护肤品那么厉害，为什么我不能用？！

支招时间到

姐妹们，醒醒！使用妈妈的护肤品对你来说不是变美的捷径，反而会让你误入雷区！

如果将成人护肤品比作满汉全席，那青春期的皮肤只需要营养简餐。吃太猛会闹肚子，护肤成分太猛，皮肤也会吃不消。

为什么妈妈的护肤品对你来说"超纲"了？

成分太猛，皮肤吃不消

视黄醇、胜肽、玻色因 —— 妈妈用了能抗皱，你用了可能会脱皮、爆痘，甚至烂脸！

营养过剩，会闷出痘痘

面霜里的矿脂、羊毛脂 —— 妈妈用了能保湿，你用了可能会闷痘！

妈妈需要抗老和修护，而你需要控油并保持清爽。

你的皮肤胶原蛋白满满，根本不需要"逆龄"产品。

这些产品可以"蹭一蹭"

虽然妈妈的大部分护肤品不适合你，但有些东西还是可以借用的，记住以下原则：

如果妈妈用的是氨基酸洗面奶，你偶尔借用没问题。

物理防晒霜（含氧化锌、二氧化钛）全家通用，记得卸干净！

无酒精、无香精的补水面膜，皮肤干燥时可使用。

下面这些护肤品千万别乱用！

美白精华（烟酰胺浓度太高，容易过敏）

抗老面霜（过于滋润，容易闷出一脸痘）

去角质精华（青春期的皮肤不需要去角质）

灵妈的知心话

宝贝们，护肤品就像衣服，尺码不合适，再贵也白搭哟！

妈妈的护肤品看起来精致、高级，确实让人心动。

但你知道吗？你的皮肤已经拥有世界上最奢侈的"护肤品"——天然的胶原蛋白！

你的皮肤正处于最美好的"青春态"：水润透亮，不用涂玻尿酸；饱满Q弹，根本不需要涂抗老精华。你只要做好基础护肤和防晒，就能美美的。

所以，别乱用妈妈的护肤品，找到适合自己的才是最重要的！

那个……青春期可以化妆吗?

吐槽大会

姐妹们，你们是否曾在心里偷偷计划："等我们合唱团演出时，我要化一个亮闪闪的妆容……"

或是在姐姐的婚礼前认真思考："当花童时，我是涂蓝色指甲油，还是涂粉色指甲油呢？"

再或者，拍艺术写真前，仔仔细细给自己化妆。虽然画眼线时戳到了眼球，画眼影时把眼睛画成了熊猫眼……但是这都不要紧，化妆好有意思啊！

但是，为什么妈妈禁止我涂粉底液？

为什么爸爸不喜欢我涂眼影？

为什么奶奶总说学生就要素面朝天？

我只是想在重要的场合变得好看一点儿，有错吗？

网上的评论更是两极分化，有人说"化妆是取悦自己"，也有人骂"小小年纪妖里妖气"。

到底该听谁的啊？！

支招时间到

姐妹们，我们当然不会在上学时化妆，只是想在需要化妆的特殊场合试一下。

化妆不是洪水猛兽，但也不能盲目跟风。

在讨论化妆自由之前，我们先搞清楚几个关键问题。

为什么很多家长反对孩子化妆?

怕化妆伤皮肤：青春期，皮肤还在发育，厚重粉底、劣质彩妆容易堵塞毛孔，导致长痘，还会使皮肤变得敏感。所以，他们不是完全反对你化妆，可能只是怕化妆品对你的皮肤造成伤害。

怕孩子早熟：在很多家长眼里，化妆 = 早熟，早熟 = 危险，所以他们不是反对美，而是担心你被误解。

怕孩子化妆是因为不自信：如果你离开化妆品就没有安全感，那化妆就成了一种焦虑，而不是变美的方式。

适合青春期的清透妆容

每个女孩都爱美，如果你真的想尝试化妆，可以在大人的帮助下化个清透的淡妆。

★ **第一步：润色防晒霜，防晒和轻薄底妆一步搞定**

比粉底更适合青春期女孩使用的是带润色效果的防晒霜，既能防晒，又有提亮效果，一举两得。

★ **第二步：请妈妈帮忙修眉毛，自然的眉形更适合你**

悄悄告诉你，把眉毛修整齐，就是最适合大多数女孩的眉形哟！

不过，使用修眉刀时最好请妈妈代劳，毕竟刀片可是很锋利的！

★ **第三步：睫毛打底膏，收获清新明亮双眼**

大人用的睫毛膏妆感实在是太重啦！我们可以涂上只有一点点纤长效果的睫毛打底膏，可以放大双眼又不突兀！

★ **第四步：润色唇膏，轻松拥有好气色**

想要气色好？比颜色艳丽的口红更适合学生党的是润色唇膏，嘴唇上涂一点儿淡粉色就很好看啦！

这些化妆误区要避开

超厚粉底＋假白妆

粉底太厚很容易堵塞毛孔，如果粉底色号太白，更容易导致暗沉、卡粉、妆感假，还不如素颜好看！

浓重眼妆＋假睫毛

眼线太夸张，假睫毛"飞上天"，不仅容易"翻车"，还容易被老师请家长！

劣质彩妆＋乱卸妆

三无彩妆、网红平替质量堪忧，化妆品卸不干净，皮肤问题就会找上门！

改进计划

1. ……
2. ……
3. ……

灵妈的知心话

宝贝们，灵妈特别理解你们，当身边的同学、网上的博主都在化妆时，你们一定会好奇，然后心动，甚至想尝试。

但灵妈想告诉你们，精致的妆容并不是美的唯一标准。

干净的皮肤、自然的气色、自信的笑容才是青春期最好的"妆容"。

化妆不是为了改变自己，而是为了让自己更有自信，而自信从来不只靠化妆。

如果你真的想尝试化妆，可以从提气色的简单妆容开始，而不是一上来就浓妆艳抹。

最重要的是，别因为"化妆焦虑"而忘了自己本来就很美！

救命！头皮开始
下雪了！

吐槽大会

姐妹们，你们有没有经历过下面这些"社死场面"：

穿黑色衣服出门，肩上落满"头皮雪"；一撩头发，"雪花"飘飘，人们都嫌弃地躲远了；上课时，同桌小声提醒："你肩膀上有东西……"

你可能试过很多种控油去屑洗发水，结果问题反而更严重了。

有的用完后头皮屑更大了，像鱼鳞哗哗掉；有的洗完后头发干得像稻草，却又油得更快！

最离谱的是，网上的偏方说用啤酒洗头能去屑，结果洗完后头发粘成一团，还被妈妈骂"酒鬼"！

救命！我只是想要干净的头皮，怎么这么难？！

难道油头和头皮屑注定要伴随我们整个青春期吗？

支招时间到

有头皮屑并不是不讲卫生！

姐妹们，别急！青春期头皮爱出油、长头皮屑，真的不是你的问题，这其实又是身体里的激素在搞事情！马拉色菌属才是元凶！

头皮屑类型

干性头皮屑

白色，细小，一抖就掉，头皮紧绷、发痒。

成因：头皮缺水，过度清洁，换季时头皮敏感。

油性头皮屑

黄色，大块，粘在头发上，伴随红色痘痘。

成因：马拉色菌属超标，饮食重油重糖，熬夜，压力大。

想做个清爽 girl，可以这么做

★ **第一步：找到适合自己的洗发水**

不是所有去屑洗发水都适合你，要根据自己的头皮状态来挑选。

油头、头皮屑多　选择含水杨酸、吡硫翁锌、酮康唑的洗发水，能控油、抑制真菌。

干痒、头皮屑多　选择温和保湿型洗发水，避免去油太强的成分。

敏感头皮　远离含酒精、硅油、强力清洁剂（SLS、SLES*）的洗发水，温和护理最重要。

注意

不要频繁更换洗发水，给头皮一点儿时间适应，否则只会让头皮屑更"猖狂"！

---

*SLS、SLES：SLS 指月桂醇硫酸酯钠，SLES 指月桂醇聚醚硫酸酯钠，这两种成分广泛运用于日化产品中。

★ 第二步：科学洗头，改掉错误习惯

洗头频率：每 2~3 天洗一次，出汗多时可以隔天洗。千万别一天洗好几次，否则容易刺激头皮，出更多油。

洗发手法

用指腹轻轻按摩头皮，帮助去屑，促进血液循环。

一定要冲洗干净，残留的洗发水会助长头皮屑的"嚣张气焰"！

★ 第三步：护发，养头皮，彻底和头皮屑 say bye bye

护发素只涂在发尾，别碰头皮。避免堵塞毛囊，加重出油。

少用吹风机高温挡。过热的风会刺激头皮分泌更多皮脂，建议用吹风机低温挡远距离吹干头发。

饮食、作息很重要。少吃油炸食品和甜食，保持充足的睡眠，头皮状态才会稳定。

护发雷区要避开

✖ 洗发水直接倒在头上

应该先将洗发水倒在手心里搓出泡沫，再抹在头发上，这样可以减少对头皮的刺激。

✖ 用指甲狠抓头皮

应该用指腹按摩头皮，如果抓破头皮，感染会更严重。

头皮养护食谱

多吃含 B 族维生素的食物，如糙米、鸡蛋、菠菜等。可以减少皮脂分泌。

多吃含锌的食物，如牡蛎、南瓜子等。可以抑制马拉色菌属繁殖。

少吃奶制品，奶茶、冰激凌等是头皮屑的"助燃剂"。

灵妈的知心话

宝贝们，几乎全球 50% 的人都有头皮屑，你不是一个人在战斗！而且它就像感冒，治好就行，没什么丢人的。

如果头皮屑实在严重，可以用二硫化硒洗剂，配合少油少糖的饮食，用不了多久就可以告别"雪花秀"。

如果下次看到肩上的"雪花"，你可以幽默地说："哎呀，我的头皮想要过冬天了！"

然后，你潇洒地拍掉头皮屑，回家后好好洗个头。

头发是人的第二张脸，精心护理它，它才能健康有光泽，焕发动人的光彩！

第五章

我不想戴眼镜

和牙套！

天哪，眼睛的"bug"也太多了吧！

吐槽大会

姐妹们，眼睛的"bug"也太多了吧！

有些人摘了眼镜看不清远处的字，直接成了半个盲人。

有些人看近处的字一片模糊，看个书都要拉开半米远。

还有些人看到的世界充满光圈、重影，像开了"特效"。

更可怕的是，每次检查视力，医生都会"宣判"："右眼 100 度近视、50 度散光，左眼 75 度远视……"

等等，我的眼睛到底有多少种问题？

唉……眼睛的"bug"那么多，能不能修复呢？

支招时间到

其实，近视、远视和散光都是眼睛的"对焦"出了问题，就像相机对不准焦，拍出来的照片就一片模糊了。

近视：远处的世界自带马赛克

症状　近处的物体能看清，远处的物体全是模糊的。

原因　眼轴变长，光线聚焦在视网膜前面，导致看不清远处。遗传基因是幕后推手，不良的用眼习惯则是加速器。

解决办法

配眼镜矫正，但不能随便配，度数合适才行。

减少看近处的物体的时间，执行 20—20—20 法则，即每用眼 20 分钟，看 20 英尺（6 米）外的物体，持续 20 秒。

每天户外活动至少 2 小时，阳光能帮助眼睛分泌多巴胺，防止眼轴继续变长。

远视：看书像在挑战眼力极限

症状 远处的物体能看清，近处的物体直接"过曝"。看书时眼睛酸，甚至头晕。

原因 眼轴太短，光线聚焦在视网膜后面，导致看近处的物体模糊。天生眼球小或睫状肌处于放松状态，"摆烂"不好好工作都可能导致远视。

解决办法

轻度远视：可以通过眼睛自身的调节能力来改善，注意用眼距离，不要离书本太近。

中度远视：可用凸透镜矫正，减少阅读时的不适感。

重度远视：需要医学干预，特别是儿童远视度数过高，可能影响视力发育，务必定期检查。

散光：世界自带 "重影" 特效

症状 不管远近，看到的字都是重影的，灯光有"光晕"，夜晚更明显。

原因 角膜或晶状体的形状不规则，导致光线无法精准聚焦在视网膜上。虽然散光大多是天生的，但可能因为揉眼睛、用眼姿势不正确而加重。

解决办法

普通眼镜可能无法完全解决散光问题，建议做验光检查，选择柱镜度数合适的镜片。

注意用眼姿势，别歪头，别眯眼，让眼睛保持正常视角。

角膜塑形镜（OK镜）对某些散光情况有矫正效果，尤其是儿童散光加重时，医生可能会建议尝试。

眼睛的"bug"能修复吗？

近视　不可逆，但能控制度数加深速度。

远视　轻度可自行调节，重度需要矫正。

散光　可矫正，但方式不当容易加重，注意用眼习惯。

不管哪种"bug"，最重要的是别让眼睛过度劳累。保持恰当的用眼距离，多去户外活动，让视力尽可能稳定。

灵妈的知心话

宝贝们，近视、远视和散光虽然听起来很复杂，但其实都是眼睛的小"bug"。

只要找到合适的矫正方式，视力还是可以得到保护的。记住，戴眼镜不是一劳永逸的护眼法，更重要的是减少眼睛的负担，正确用眼，避免度数加深。

多去户外活动，多看看远方，让眼睛放松。

读书、写字时保持正确的姿势，别趴着看书。

减少电子产品的使用时间，别让手机和平板电脑"偷走"你的视力。

护眼要从日常小事做起，渐渐养成用眼好习惯，别等到眼睛问题加深时才后悔哟！

"视力刺客"
正在偷走你的
视力余额！

吐槽大会

姐妹们，你们的眼睛是不是每天都在上演"生存大挑战"？

深夜追剧时，躲在被窝里为剧情流泪，结果眼睛干到快要起火了！

写作业时，脸贴作业本，腰弯得像虾米，仿佛在表演"用脸写字"的杂技！

总是持续刷手机，自以为只刷了10分钟短视频，殊不知已经过去1小时了，抬头发现世界已模糊一片，就像印象派画风！

有的姐妹边走路边看手机，差点儿撞上电线杆。她还嘴硬："我在练习余光侦察术！"

有的姐妹关灯玩游戏，屏幕蓝光闪烁不停，她还安慰自己："这是护眼模式！"

有的姐妹看小说看上了瘾，心里想着："看完这章就睡。""再看一章就睡。"结果一眨眼天都亮了。

眼睛肯定在想：这班我是一天也上不下去了！还我"妈生"视力！！！

支招时间到

眼睛问题不是突然形成的，而是一天一天"作"出来的！那些可怕又无处不在的"视力刺客"正在一点点偷走你的视力余额！

刺客 1 号：黑暗刷屏者

作案手法

黑暗中瞳孔放大，手机蓝光直击视网膜，容易导致黄斑区病变，影响视力。

科学暴击

《自然》杂志上发表的研究显示，连续 3 天在黑暗中刷手机，泪液分泌量暴跌 60%！可能会引起干眼症。

刺客 2 号：贴脸艺术家

作案证据

写作业时睫毛扫纸，玩手机时鼻尖贴近屏幕，光线刺激导致眼睛疲劳！

冷知识

青少年的眼睛还在发育阶段，更容易出问题！

刺客 3 号：熬夜战神

犯罪现场

追剧到凌晨 3 点，眼睛红得像烧红的炭，黑眼圈深得像熊猫眼！

专家警告

缺觉时角膜缺氧，血管增生得像蜘蛛网，容易眼干涩、眼疲劳，视力会变差！

反杀刺客行动指南

★ **反杀技能 1：光环境改造术**

晚上开护眼台灯和顶灯，拒绝单一的照明方式。

将手机屏幕亮度调成和环境光接近的亮度，别再让眼睛玩"明暗极限拉扯"。

★ **反杀技能 2：姿势封印法**

看书时用专业阅读支架，保持脖子直立、眼神俯视的姿态。

用手机时，将手机举到与眉毛齐平的位置，这样能预防颈椎病。

★ **反杀技能 3：时间管理大师**

使用番茄学习法：专注学习 25 分钟，中途不做任何与学习无关的事；然后短暂休息 5 分钟，比如听歌、远眺……然后再开始下一个"25 分钟学习计划"。睡前 1 小时启动"远离电子产品模式"：将手机锁进柜子，放松双眼。

灵妈的知心话

宝贝们，我知道你们有时候会熬夜追剧、玩手机，觉得偶尔"作"一次没关系，但眼睛的损伤就像白纸上的折痕，一旦有了，就再也抚不平了。

下次想关灯玩手机时，你可以试着对自己说：

"我的眼睛是限量版宝石，坏了可没地方修哟！"

写作业时如果脸离课本太近，你就默默吐槽：

"离得这么近，是想吃掉它吗？"

护眼不是死板的规则，而是对自己的温柔承诺。

当你学会把眼睛当成最珍贵的礼物，用心去爱护，那些坏习惯自然会悄悄退场！

护眼方法 vs 护眼神器

吐槽大会

姐妹们，你们有没有觉得护眼这件事像在玩打地鼠？

今天听说吃胡萝卜能明目，明天被"种草"几百块的护眼灯，后天又被推荐号称"护眼黑科技"的蒸汽眼罩……

试了一圈，结果啃胡萝卜啃到脸黄，护眼灯没看出效果，蒸汽眼罩用完眼皮过敏！

更夸张的是，网上的护眼方法一个比一个玄乎：

"每天转眼球300圈，视力回到2.0！"结果转完头晕眼花，黑板上的字更模糊了……

"绿色壁纸保护视力！"盯着屏幕上的假绿叶，眼睛照样干到流泪。

唉，护眼护了个寂寞，钱包还和眼睛一起受重伤！

支招时间到

护眼不是靠玄学，而是靠科学。

其实，护眼根本不需要靠那些噱头满满的"神器"，只要掌握科学的方法，就能把"视力大人"给稳住。

放弃五花八门又没什么用的方法，来看看真正有用的护眼秘籍吧！

20—20—20 法则：眼睛的"课间操"

怎么做　每用眼 20 分钟（写作业、玩手机都算），抬头看 20 英尺（6 米）外的物体 20 秒。

原理　让紧绷的睫状肌放松一下，预防眼球变形。

防忘指南

在书桌上贴张便利贴并写上："抬头看窗外那棵树！"

手机设提醒闹钟，铃声用"眼睛需要呼吸啦"。

护眼灯：不是越贵越好

★ **选购要素**

色温 4000 K：中性白光最接近自然光，不刺眼，不催眠。

无频闪：打开手机摄像头对准灯光，屏幕不闪波纹才算合格。

照度均匀：认准国家 AA 级标准，光线覆盖整张书桌。

热敷 vs 冷敷：给眼睛"开小灶"

热敷

适用场景：眼睛疲劳、干涩（比如熬夜后）。

方法：用蒸汽眼罩或热毛巾敷眼睛 10 分钟，促进血液循环。

冷敷

适用场景：眼睛红肿、发痒（比如过敏或哭过后）。

方法：用冷藏后的勺子轻压眼皮，或使用医用冷敷贴。

注意：别用冰冻物品直接敷眼，可能会冻伤脆弱的眼周皮肤。

护眼食谱：吃出明亮双眸

叶黄素套餐

菠菜炒蛋＋玉米羹（叶黄素是视网膜的"防晒霜"）。

维生素A加油站

胡萝卜炖牛肉＋芒果奶昔（维生素A可以预防夜盲症）。

Omega-3 脂肪酸补给站

三文鱼沙拉＋核桃仁（减少干眼症风险）。

避雷指南

别生吃胡萝卜，加油烹饪才能充分释放其营养素。

灵妈的知心话

宝贝们，护眼这件事其实就像喝水，不需要复杂的仪式，而是要坚持每天都做。

如果你觉得 20—20—20 法则太难坚持，试试这样想：

"每 20 分钟抬头看看窗外，就当给大脑放个小假！"

如果你觉得护眼灯太贵，那就晴天时坐在窗边写作业，让自然光成为你的免费护眼工具。

护眼的本质是学会善待自己，而不是强制执行一堆规则。

下次看到天花乱坠的护眼广告，记得对自己说：

"我的眼睛喜欢简单又温暖的小事，比如远望一棵树，或者闭上眼睛听首歌。"

你越放松，眼睛就越健康！

美瞳是我们的禁区吗？

吐槽大会

姐妹们，你们有没有被"种草"过美瞳？

糖果色美瞳，戴上秒变洋娃娃！

放大镜款美瞳，戴上后像动漫女主角！

亮闪闪的星空美瞳，戴上后瞳孔自带梦幻滤镜！

你兴冲冲地跑去问妈妈："我能戴美瞳吗？"

等来的可能是灵魂暴击："不行！你年纪太小！""戴这个会瞎掉！"

可是，很多人都在戴啊！

美瞳到底是不是我们的禁区？能不能戴？会不会伤眼？

支招时间到

美瞳，其实就是带颜色的隐形眼镜，它可以改变瞳孔的颜色，让眼睛变大变亮，甚至能修饰近视眼镜戴久了带来的"呆萌感"。

不过，戴美瞳比你想象的更复杂。如果佩戴不当，不仅不能"变美"，还可能会让眼睛受伤哟！

不建议未成年人戴美瞳！

角膜还在发育，容易受伤

未成年人的角膜比成年人的更娇嫩，长时间戴美瞳，容易让角膜缺氧、干燥、变形，甚至影响视力。

透氧率低，眼睛"喘不过气"

美瞳比普通隐形眼镜多了一层色素层，透氧性比普通隐形眼镜更差。角膜长时间缺氧，可能会引发角膜炎、眼睛红肿、干眼症。

操作不当，感染风险高

很多人戴美瞳前不洗手，也不清洗美瞳，甚至和朋友共用美瞳，这会让细菌直接进入眼睛，情况严重的甚至可能导致角膜溃疡，影响视力。

未成年人可以戴隐形眼镜吗？

如果近视度数太高，体育运动不方便，经过医生评估后，可以考虑戴普通隐形眼镜。

必须去眼科验光，检查角膜健康状况，确定能否佩戴隐形眼镜。

选择透氧性高的软性隐形眼镜，佩戴时间不超过 8 小时。

做好清洁护理，每天用护理液消毒，不能用自来水清洗。

尽量不要长期佩戴，能戴框架眼镜就戴框架眼镜，减轻角膜的负担。

有角膜塑形镜需求的，需要在医生的指导下佩戴，不是所有人都适合佩戴隐形眼镜。未成年人可以在专业指导下佩戴隐形眼镜，但一定要遵守注意事项，否则伤了眼睛再后悔就晚了！

灵妈的知心话

宝贝们，灵妈完全懂你们对美的渴望。

谁不想拥有漫画少女般的星星眼呢？但比起一时的惊艳，灵妈更希望你们记住：健康的眼睛才是最美的。

灵妈高中时也偷偷买过美瞳，结果因为不会戴，镜片掉进洗手池被水冲走了……现在想想，真是又笨又幸运！

有些美丽值得等待，有些风险不必硬扛。

你的眼睛像宝石一样珍贵，别让一时的冲动模糊了未来的风景。

下次被别人戴的美瞳"种草"时，你可以试着对镜子里的自己说：

"我的原生瞳色也很特别呀！深棕色，像巧克力，多么迷人！"

真正的美不在于瞳孔的颜色，而在于你真诚、自信的眼神。

戴眼镜才不丑呢！
超可爱的！

吐槽大会

姐妹们，你们有没有经历过眼镜选择恐惧症？

戴框架眼镜吧，鼻梁被压出两个红印，运动时镜腿疯狂打脸。

换隐形眼镜吧，每天摘戴像在眼球上"绣花"，一不小心戳到眼睛，顿时泪流满面。

至于传说中的角膜塑形镜，价格高到离谱，护理步骤多到令人头疼……

救命！选眼镜怎么比做数学题还难？

更扎心的是，总有人对你指指点点："戴眼镜显得好呆啊！"

戴眼镜真的很丑吗？是谁在给我们制造"颜值焦虑"？

有些人甚至说："隐形眼镜伤眼睛，迟早会失明！"

"买角膜塑形镜是交智商税，谁买谁后悔！"

我只是想看清这个世界，怎么选什么都不对？

265

支招时间到

眼镜不是枷锁，而是你的个性化标签。

眼镜不是书呆子标配，它能变成时尚单品，选对眼镜还能提升"颜值"。一起来解锁科学选择眼镜攻略吧！

框架眼镜变时尚单品

镜框选择： 圆脸选方框，方脸选圆框，长脸选大边框。

小心机设计： 金属细边框搭配复古金丝链，秒变学院风学霸；透明边框加上彩色贴片，化身甜酷女孩。

镜片升级： 防蓝光镀膜（适合上网课）、变色镜片（在户外秒变墨镜）。

隐形眼镜佩戴指南

新手入门

选日抛（干净又方便）、低含水量（38% ～ 42%）的隐形眼镜。

摘戴技巧

用辅助棒代替手指，对着镜子戴，以确保镜片正反正确（边缘呈碗状为正面）。

急救锦囊

随身携带无防腐剂的润眼液、备用框架眼镜，以防眼睛突然不适。

角膜塑形镜的真相

工作原理　夜间佩戴压平角膜，使得白天可以暂时恢复正常视力。角膜塑形镜矫正视力的效果是可逆的，须长期佩戴。

适用范围　8 岁以上，近视 600 度以内，散光 150 度以内。

避坑提醒　必须去正规医院验配，街边小店可能不靠谱。

护眼黑科技避雷指南

防疲劳眼镜　本质是低度数凸透镜，可能会加重近视。

智能调焦眼镜　价格虚高，效果不是特别理想。

灵妈的知心话

宝贝，选眼镜就像选朋友，适合你的才是最好的。

如果你喜欢戴框架眼镜，不妨把它当成时尚配饰，换个镜框就像换种心情。

如果你喜欢戴隐形眼镜，那就严格护理，把它当作一场"美丽的修行"。

如果你选择角膜塑形镜，请珍惜"夜间悄悄变美"这份小幸运。

总之，别让他人的评价决定你的选择。

你的眼镜可以是盾牌，也可以是皇冠。

最重要的是，它能让你自信地看向想去的地方！

防蓝光眼镜
是不是智商税？

姐妹们，你们有没有被人"安利"过防蓝光眼镜？

老师可能会说："长时间盯着电子屏幕？戴防蓝光眼镜能保护视力！"

医生可能会说："蓝光会伤害眼睛，影响睡眠，戴防蓝光眼镜试试！"

商家可能会说："我们的防蓝光眼镜能防 99% 的蓝光，大大缓解疲劳！"

于是，你兴冲冲地买了一副，戴上后却发现：

世界变黄了，还会头晕。

写作业、玩手机时眼睛还是一样累。

近视度数该涨还是涨，防蓝光眼镜根本不能保护视力！

防蓝光眼镜到底是"黑科技"，还是智商税？

支招时间到

我们先要搞清楚：蓝光真的会伤害眼睛吗？

蓝光是可见光的一部分，并不是"坏光"。

蓝光广泛存在于太阳、LED 灯、电脑、手机等光源发出的光中，适量的蓝光可以帮助我们调节生物钟，但过量接触会增加眼睛疲劳、影响睡眠。

所以，蓝光不是洪水猛兽，长时间盯着屏幕才是眼睛疲劳的罪魁祸首。

蓝光的两副面孔

★ **有害蓝光（波长 400 ～ 450 nm）**

穿透力强，长期暴露在其中可能损伤视网膜细胞，增加黄斑病变风险。主要来源是手机、电脑、LED 灯。

★ **有益蓝光（波长 450 ～ 500 nm）**

可以调节生物钟，提升白天的注意力，缺乏有益蓝光会导致失眠、情绪低落。主要来源是阳光。

需要防蓝光的人群

每天看电子屏幕的时间在 6 小时以上的人： 程序员、设计师、网课党等。

黄斑病变患者： 医生明确建议防蓝光的特殊人群。

夜间玩手机者： 喜欢关灯玩手机的人，因为蓝光会抑制褪黑素的分泌。

学生党的终极法宝

少看电子屏幕，多进行户外活动。阳光能刺激视网膜分泌多巴胺，抑制近视度数加深，免费又高效！

防蓝光眼镜的"避坑秘诀"

看透光率

正规产品会标注蓝光阻隔率，日常使用选择 20%～30% 已足够，过高会严重偏色。

验光配镜

带度数的防蓝光镜片必须精准验光，否则会加重眼睛疲劳。

拒绝"万能防护"

宣称防蓝光、防辐射、防紫外线的"三防"眼镜，大概率达不到宣传的效果。

灵妈的知心话

宝贝们，如果你们正在纠结要不要买防蓝光眼镜，先问自己三个问题：

我每天看屏幕超过 6 小时了吗？

如果只是偶尔上网课，不如买一把人体工学椅，坐直了比啥都强！

我愿意为偏色效果买单吗？

美术生请绕道，偏色会让你调出的颜色出现严重误差，影响画面。

我能坚持户外活动吗？

每天去操场活动 20 分钟，眼睛和心情一起被治愈。

护眼不是只靠一副眼镜，而是要养成并坚持良好的用眼习惯。

下次被广告洗脑时，你可以试着对自己说：

"我的眼睛喜欢真实的色彩，也喜欢阳光下的风。"

比起依赖外物，不如多给眼睛一点儿自由的空间。

到底什么样的人
需要戴牙套?

吐槽大会

姐妹们，你们有没有经历过下面这些时刻：

照镜子时，发现自己的牙齿有点儿乱，总觉得不太完美。

拍合照时，朋友大方地露齿笑，你只能抿嘴微笑。

吃东西时，发现咬合不齐，似乎总有那么几颗牙齿嚼不到东西……

你随口问妈妈："我是不是应该戴牙套啊？"

妈妈的反应却是："你的牙齿挺好的，戴牙套多遭罪啊！"

可是，有些人的牙既整齐又漂亮，我却因为牙齿问题不敢大笑，真的只能认了吗？

到底什么样的人才需要戴牙套？戴牙套会不会很难受？

277

支招时间到

戴牙套可不仅仅是为了好看，它的主要作用是调整牙齿排列，让咬合保持正常。来，检查一下，看看你的牙齿有没有以下问题。

常见的牙齿问题

★ **牙齿不齐（彼此像在打架）**

症状

牙齿东倒西歪，排列不整齐，刷牙时总有些地方刷不干净，牙缝里总是卡东西。

为什么需要矫正？

牙齿不整齐容易藏细菌，时间久了可能导致蛀牙，影响口腔健康。

★ **龅牙（牙颌畸形）（牙齿太"热情"）**

症状

牙齿突出，嘴巴自然闭合时，牙齿突出太多，甚至闭不上嘴。

为什么需要矫正？

影响美观不说，牙齿太突出容易被磕到，咬合也会受到影响。

★ **地包天（反颌）（下牙反咬上牙）**

症状

正常情况下，上牙应该盖住下牙一点点，但有些人的下牙比上牙更突出，咬合时下牙的弧度就像倒扣的碗沿。

为什么需要矫正？

影响咬合功能，时间久了可能导致下颌骨发育异常，甚至影响脸型。

★ **牙缝大（吃东西总掉入"陷阱"）**

症状

牙齿之间缝隙特别大，吃饭容易卡菜叶、肉丝，笑起来牙缝很明显。

为什么需要矫正？

牙缝太大不仅影响美观，还容易让食物残渣堆积，时间长了容易长蛀牙。

★ **深覆合（下牙几乎"隐形"）**

症状

上牙完全盖住下牙，笑起来只能看到上牙，下牙"消失"了。

为什么需要矫正？

长期这样会导致下牙磨损、牙龈受损，甚至影响下巴发育。

★　**牙齿咬合不对（吃东西总是觉得怪怪的）**

症状

牙齿咬合不稳定，吃饭时某些牙齿总是用不上力，甚至长期只用一边嚼东西。

为什么需要矫正？

长期偏侧咀嚼可能会导致脸型不对称，甚至影响下颌关节健康！

关于戴牙套，你需要知道的事

不是牙齿稍微不整齐就需要戴牙套。有些牙齿虽然轻微不齐，但不影响咬合和健康，可能根本不需要矫正。所以最好去正规医院，请口腔科医生帮你判断是否需要戴牙套。

戴牙套的最佳年龄：一般来说，11~14 岁是矫正牙齿的黄金时期，因为这个阶段牙齿和骨骼还在生长，矫正效果更好、所需时间更短。成年人也可以矫正牙齿，只是需要的时间可能更久。

牙套的种类很多，选择适合自己的

金属牙套

便宜，效果好，但有点儿"铁齿铜牙"的感觉。

陶瓷牙套

颜色接近牙齿，隐形效果比较好。

隐形牙套

透明，可摘戴，美观度高，但价格较高。

自锁牙套

摩擦力小，矫正更快，但价格偏高。

灵妈的知心话

　　宝贝们，戴牙套不只是为了好看，更是为了让牙齿更健康、更好用。

　　如果你真的有咬合问题或牙齿不齐，那矫正牙齿就是对自己的投资；但如果牙齿只是轻微不整齐，那就学会接受自己的特点，这也是一种美。

　　最重要的是，牙齿健康才是最美的。养成良好的刷牙习惯，认真护理牙齿，无论有没有戴牙套，都能拥有自信又闪亮的笑容。

啊啊啊啊啊！

我不想戴牙套了！

吐槽大会

姐妹们，戴牙套的第一天，我觉得自己是个精致女孩，幻想着摘下牙套的那天会收获一口整整齐齐、闪闪发光的牙齿。

结果只戴了几天，我就开始怀疑人生！

牙齿痛得不敢吃东西！吃苹果？别想了！连吃米饭都觉得牙齿在抗议！

嘴巴被刮破了！牙套上的小铁丝疯狂磨嘴，感觉自己每天都在"吃铁"！

吃东西超麻烦！一不小心，青菜、米粒、面条全都卡在牙套里，吃完饭还得冲去洗手间剔牙！

矫正时间比想象中还长！本来以为一年就能结束，结果医生说"再戴半年看看"……

到底是谁想出来的戴牙套矫正牙齿啊？！这简直是一场漫长的修炼。戴牙套真的太难了，我不想坚持了……

支招时间到

　　想要整齐的牙齿，就必须经历一段痛苦的矫正过程。不过别慌，以下这些方法（以金属牙套为例）能让戴牙套的日子没那么痛苦！

牙齿痛到不想吃饭，怎么办？

　　为什么戴牙套时牙齿会痛？这是因为牙齿正在移动，矫正力在慢慢调整牙位。每次复诊加力后，前几天都会感觉酸胀，甚至咬东西都费劲。

缓解方法

　　头几天吃软的食物，比如粥、炖蛋、奶昔等，让牙齿适应新位置。

　　用温水漱口，让牙齿稍微放松一下。

　　不要自己停戴，适应几天后疼痛就会缓解。

牙套刮破嘴巴，嘴里都是伤口

为什么牙套会刮嘴？这是因为金属牙套上的铁丝可能会与口腔内侧摩擦，导致嘴巴破皮。

缓解方法

用牙套专用的正畸蜡，在刮嘴的地方盖一层，减少摩擦。每天睡前涂一点儿口腔溃疡膏，让伤口快点儿愈合。多喝水，保持口腔湿润，减少摩擦的不适感。

吃饭一直"卡卡卡"，超崩溃！

为什么吃东西容易卡？这是因为金属牙套本来就有缝隙，食物残渣很容易挂在铁丝上，吃完饭就像带了个"食物收集器"。

缓解方法

随身携带牙线和小镜子，吃完饭就去洗手间清理一下，不然很容易产生异味。刚戴上牙套的那几天吃软食，等适应了再慢慢恢复正常饮食。远离"高危食物"，糯米、硬糖、牛肉干这些或黏或硬的食物不仅容易卡牙，还可能让牙套松动。

戴牙套的时间太长，我快没耐心了！

★ **为什么矫正时间比想象中久？**

牙齿的移动需要时间，矫正的速度不能太快，否则容易反弹，导致矫正失败。

让自己更快摘牙套的秘诀

按时复诊，别偷懒跳过牙套调整时间。

听医生的话，戴好橡皮筋（如果医生要求戴的话），别因为懒得戴让矫正时间延长。

坚持戴保持器，如果不想牙齿反弹，摘掉牙套后戴保持器时千万别嫌麻烦。

灵妈的知心话

宝贝们，戴牙套就像一场"秘密进化"：别人只看到你暂时穿着的"金属铠甲"，却不知道你正在打磨一件令人惊艳的武器。

如果你觉得戴牙套的日子难熬，可以试试这样做。

记录变化：每个月拍一张露齿照，看着牙齿一点点移动，超有成就感。

设定奖励：每坚持三个月，奖励自己一个新发卡。

心理暗示：每次复诊后对自己说"离胜利又近了一步"。

记住，戴牙套的你不是丑小鸭，而是正在成长的天鹅宝宝。

那些嘲笑你的人，只是不知道你蜕变后的自信模样。

什么？刷牙应该
放在饭后？

吐槽大会

姐妹们，你们有没有被家长这样催过：

"早上起来第一件事就是刷牙！"

"睡前不刷牙，牙齿会被蛀掉！"

于是，我们乖乖遵循起床—刷牙—吃饭的流程。

但某天你突然刷到一个牙科冷知识：

早上吃饭前刷牙相当于刷了个寂寞，应该饭后刷！

什么？这么多年我都刷错了？！

到底是饭前刷牙好，还是饭后刷牙好？让我们来较个真！

支招时间到

刷牙的终极目标是清理牙齿上的细菌、食物残渣，减少蛀牙和患牙龈炎的风险。所以，关键不是什么时候刷，而是有没有刷干净。

早饭前刷 vs 早饭后刷

早上起床时，口腔里的细菌已经在开"派对"了。

夜间唾液分泌减少，口腔变成了细菌的天堂，如果早上起床后不刷牙，直接吃早餐，等于把一堆细菌"吃进去"。

正确做法

起床后先刷牙，再吃饭，可以减少吞进肚子里的细菌。

饭后立刻刷 vs 饭后过会儿刷

吃完饭后，牙齿表面会被食物中的酸性物质软化，立刻刷牙可能会损伤牙釉质。

正确做法：饭后先漱口，15~30 分钟后再刷牙，让牙釉质恢复防御力。

睡前刷 vs 睡前不刷

夜晚是蛀牙的"高发时间"！

白天时唾液能帮忙冲刷牙齿上的细菌，但睡觉时唾液分泌减少，食物残渣和细菌留在牙齿上，容易导致蛀牙。

正确做法：睡前刷牙是一天中最重要的一次，一定不能偷懒。

刷牙的终极秘籍

每天至少刷牙两次（早上起床后、晚上睡觉前），如果有条件，饭后先漱口，等一会儿刷牙更完美。

使用含氟牙膏，氟化物可以帮助牙齿对抗蛀牙。

每次至少刷2分钟，别随便刷一下就完事，认真刷干净每一颗牙齿。

搭配牙线，刷牙只能清洁牙齿表面，牙缝里的食物残渣需要牙线来搞定。

灵妈的知心话

宝贝们，刷牙不是敷衍一下就能完成的任务，而是每天送给牙齿的一份"保护礼物"。

很多人小时候都以为早上起床后随便刷一下牙，吃完饭就不用管了，长大后才发现自己年纪轻轻就牙齿发黄、有口臭，甚至蛀牙补了一颗又一颗……这时候才后悔："如果小时候认真刷牙就好了！"

牙齿是我们一辈子的伙伴，拥有一口健康、干净的牙齿，真的是一件超级幸福的事情。

所以，刷牙时不能随便应付，而要把每一次刷牙都当成一次护牙行动。

机灵姐档案

本名：金小蕾

出生日期：2013 年 7 月 24 日

年龄：12 岁

身高：142cm

体重：32kg

家庭成员：爸爸妈妈和弟弟们

最喜欢的颜色：蓝色、黑色

最喜欢的食物：抹茶冰激凌

最喜欢的动物：马尔济斯犬